STEFANIE DIEKMANN

Spielend leicht erziehen

Nähe und Klarheit –
mehr braucht man nicht

SCM

Stiftung Christliche Medien

Der SCM Verlag ist eine Gesellschaft der Stiftung Christliche Medien, einer gemeinnützigen Stiftung, die sich für die Förderung und Verbreitung christlicher Bücher, Zeitschriften, Filme und Musik einsetzt.

© der deutschen Ausgabe 2017
SCM-Verlag GmbH & Co. KG · Max-Eyth-Straße 41 · 71088 Holzgerlingen
Internet: www.scm-verlag.de · E-Mail: info@scm-verlag.de

Die Bibelverse sind, wenn nicht anders angegeben,
folgender Ausgabe entnommen:
Neues Leben. Die Bibel, © der deutschen Ausgabe 2002 und 2006
SCM-Verlag GmbH & Co. KG, Witten.

Übersetzung: Verlag Herder GmbH
Umschlaggestaltung: Kathrin Spiegelberg, Weil im Schönbuch
Titelbild: stocksy.com
Satz: typoscript GmbH, Walddorfhäslach
Druck und Bindung: CPI books GmbH, Leck
Gedruckt in Deutschland
ISBN 978-3-7751-5764-3
Bestell-Nr. 395.764

INHALT

VORWORT

Erziehung – so einfach geht das!

Dieses Buch ist kein Ratgeber. Es ist ein Lebensanstupser. Es soll Sie als Eltern einladen, Familie mit Nähe und Klarheit zu leben und dabei jede Menge Spaß zu haben. Ja, Spaß – keine Dauerseufzer, wie fordernd doch die Mutterrolle ist oder wie wichtig eine gesunde Mahlzeit. Die Anstupser möchten dabei helfen, den eigenen Weg zum Miteinander zu entwickeln. Und das macht Spaß.

Immer wieder reden wir mit unseren Kindern, die inzwischen 14, 16 und 18 sind, über das Abenteuer unseres gemeinsamen Weges. Dabei stellen wir fest, wie oft sich Familien festbeißen: an Problemen, Sorgen, Streit, an Prinzipien und Regeln. Heraus kommen Funkstille, Distanz und etwas, das nichts mit Zusammenhalt zu tun hat. Unsere Kinder sind Familienliebhaber. Sie beobachten interessiert und gespannt andere Familien und stellen fest: »Das geht einfacher! Klare Linien im Familienleben helfen im Leben. So bleiben Familien mehr eine Einheit.«

Klare Linien sind Aufgabe der Eltern und fordern uns heraus, Vorstellungen zu entwickeln, einzufordern und immer wieder mit dem Kind abzustimmen. Damit ein Kind sicher und geborgen aufwachsen kann, sind klare Alltagsregeln, klare Tagesstrukturen und klare Worte notwendig. In den Kapiteln geht es um Klartext, Umgang mit Trotz, das Kennenlernen der eigenen Wut und das Verhandeln von Klarheit und Alltagsregeln.

Ich suche immer wieder nach inneren Linien und Wegen, um unseren Familienalltag einfacher und klarer zu machen. Das Leben ist bunt, fordernd und wild genug. Nicht selten belege ich Termine doppelt oder vergesse, wo mein Schlüssel liegt.

Schlüssel zur Einfachheit

Ich bin Fan von einfacher und klarer Erziehung. Mir hilft es, mir nicht zu viel »Sollte ich nicht…?«- und »Wäre es nicht doch besser, wir würden…?«-Fragen aufzuerlegen. Ich möchte mich nicht in zu viele Sorgen um Förderung und Forderung meiner Kinder verzetteln. Deshalb lasse ich mir einen Tipp aus der Bibel geben.

Jesus hat dort die Grundregeln für das Leben zusammengefasst: »Liebe Gott und deinen Nächsten wie dich selbst!« Diese Grundhaltung für das Leben prägt auch unsere Familie und unsere Aufgabe als Eltern. Wir möchten unseren Kindern Gott als Erdenker ihrer Identität, als Retter, Erlöser, Regent der Welt lieb machen. Wir wollen ihnen deutlich machen, wie viel im anderen steckt und eine respektvolle Haltung verdient. Und wir möchten ihnen helfen, sich selbst als Ich zu entdecken, zu verstehen und zu fördern. Jede Phase, jede Krise und jeder intensive Glücksmoment kann mit dieser Grundhaltung von Jesus in Verbindung gebracht werden.

Was Kinder dabei aufsaugen, ist die Nähe zu uns. Ja, sie lieben es, mit uns zusammen zu sein und unsere Zuneigung zu spüren. Viele klare Momente, die mit dem Ablehnen der kindlichen Wünsche zu tun haben, können für ein Kind (und auch für die Eltern) mit einer stabilen Basis von Nähe besser verarbeitet werden. Nähe strengt uns Eltern manchmal an. Da werden wir schnell müde, wenn es darum geht, Ideen zu finden, wie wir einen Tag gestalten oder ein Fest feiern können. In den Kapiteln um Nähe wird der Wert von Blicken, Worten und Berührungen beschrieben, aber auch, wie Gott im Alltag entdeckt werden kann.

Alltagssplitter

In den vorliegenden Episoden soll es um Alltagssplitter gehen. Ich werfe einen Blick auf eine kleine Situation des Alltags oder des Erziehens und überlege, wie dabei die tiefere Ebene des Erlebens berührt wird: Was braucht das Kind? Was lernt das Kind aus dieser Situation über das Leben – über Gott, den anderen und sich?

In diesen Fragen bilden sich zwei Grundpfeiler ab: Nähe und Klarheit. Diese beiden Eckpunkte im Blick zu behalten, hat mir geholfen, die innere Verletzlichkeit meiner Mutter-Rolle zu verstehen und die Spannungen in mir einzuordnen. Ich will immer mehr den Kopf freikriegen, um Familie im Alltag feiern und genießen zu können. Die Fragezeichen und Ausrufezeichen nach jeder Episode sollen Anregungen sein, damit das Familienleben noch mehr Spaß macht und entspannter erlebt werden kann.

Die Episoden sollen Anstupser sein, um eigene Erziehungsmomente zu beobachten und zu überdenken. Nicht als neuer Druck, sondern als kleines »Aha! Da achte ich mal drauf!« Vielleicht kann es passend sein, nur eine Episode zu lesen, vielleicht machen gerade mehrere Sinn.

Nicht alle Texte sprechen ausschließlich von dem Zeitraum der ersten sechs Lebensjahre. Manche Themen lassen sich aus dem Rückblick als Teen-Mutter neu bewerten und bekommen so für die jüngeren Kinder Gewicht. Ich habe daher zum Beispiel eine Episode zum Thema Schule und Mithilfe im Haushalt eingebunden oder auch Bezüge zu älteren Kindern in den Episoden hergestellt.

Wir sind miteinander unterwegs und entdecken immer noch unsere Art, Familie zu sein. Unsere Kinder haben für dieses Buch die Episoden miterdacht und die Beispiele zu ihrem Leben freigegeben. Sie ermöglichen mir so, in sehr schwierige Momente Einblick geben zu dürfen, aber auch in unser gemeinsames Genießen.

Mir helfen Impulse, um mich zu reiben und eine eigene Position zu entwickeln. Die Familienzeitschrift *Family* ist für mich nicht nur Ort des Schreibens, sondern auch Quelle für Anregungen und neue Gedankenwege. Schon dort hat Bettina Wendland aus meinem emotionalen schriftlichen Stammeln verständliche Texte gemacht. Ohne sie wäre dieses Buch weniger klar und weniger nah.

Ich bin Gott so dankbar für einen Mann, der mich fördert und das Beste in mir hervorbringt und mit mir das wundervolle Abenteuer Familie lebt. Unsere Kinder sind die coolsten, die wir haben, nicht wahr?

Stefanie Diekmann

Nah-Aufnahme

MELODIETRÄGER

Julian liebt Rhythmus. Schon früh wippt sein Fuß im Takt, wenn er Musik hört. Als Grundschüler entdeckt er das Schlagzeug und hat beim Unterricht erstaunlich schnell auch schwierige Rhythmen im Griff. Sarah ist immer wieder erstaunt über ihren Sohn. Sie hört zwar gern Musik, hat aber nie ein Instrument gelernt. Sie hat ihn gerne tanzend herumgetragen, wenn Julian unruhig war, und sie hört zu Hause viel Musik. In der Kirchengemeinde singen sie im Familien-Projektchor. Trotzdem wundert Sarah sich über die Begabung ihres Kindes: »Woher hat er das nur? Manchmal denke ich: Vererbt ist das nicht. Von uns hat er nichts mitbekommen. Julian bringt etwas ganz Neues mit.«

Ich lausche den Tönen eines Liedes. Immer wieder bewegt mich diese Melodie. Ich atme mit den Melodiebögen und verharre in den Pausen. Gerne höre ich Musik laut. Leise Musik zu genießen, ist für mich schwer, weil ich in der Gefahr stehe, den Melodiebogen zu verlieren und meine Aufmerksamkeit anderen Dingen zuzuwenden. Ich bin auch als Mutter eine Melodie-Entdeckerin. Ich gehe davon aus, dass Gott in jeden Menschen seine Grundmelodie hineingelegt hat. Ich bringe meine Melodie mit, meine Kinder die jeweils ihre. In meinem Kind ist diese Melodie angelegt, aber sie ist noch nicht voll hörbar. Es ist, als fehlten nach dem Refrain noch Strophen.

Die Bibel stellt mir Gott und die Menschen vor. Sie beschreibt, wie sie leben und wie sie darum ringen, ihre Lebensmelodie auszudrücken. Viele falsche und schiefe Sequenzen sind darin, wenn ich zum Beispiel an den Betrüger Jakob, den jähzornigen Mose, den streitenden Petrus oder den kämpferischen Paulus denke. Es tröstet mich als Mutter, dass Gott jede Melodie liebt und kennt. Ihm ist kein Mensch unter schrägen Vorzeichen misslungen. Jeder ist ein vollkommenes Kunstwerk.

Diese Grundidee motiviert mich als Mutter: Mein Kind ist eine vollkommene Idee Gottes. Die Anlagen in ihm sind aus Gottes Genialität entstanden. Und doch bleibt mir als Mutter eine Aufgabe. Ich lese aus der Bibel, dass es einen Kampf um das Gelingen des Lebens gibt (zum Beispiel Römer 8,5-8). Wir sind herausgefordert, im täglichen Trott zwischen Förderndem und Behinderndem zu unterscheiden. Als Eltern sind wir Gestalter, nicht nur untätig Liebende. Ich darf aktiv handeln, um die Melodie meines Kindes zu stärken. Ich versuche Vorzeichen, die diese Grundmelodie verfälschen wollen, zu entdecken. Ich höre auf die Melodie meines Kindes und bleibe mit Gott im Gespräch, um gute Verläufe der Melodie zu stärken.

Choral oder Pop-Song?

Eltern bringen ihre eigene Melodie gestaltend in die Beziehung zu den Kindern mit ein. Schon da treffen sehr verschiedene Themen aufeinander. Kinder nehmen die Atmosphäre aus den Elterntönen als Fundus für ihre Melodien auf. Natürlich geben auch Freunde, Schule und Umgebung Material für die Entwicklung des Kindes.

Um das Kind gut begleiten zu können, ist es hilfreich, sich bewusst zu machen, dass unsere Entscheidungen als Eltern von unseren eigenen Melodien geprägt sind. Ich bin von Gott eher melancholisch erdacht, mein Mann ist dagegen ein entspannter Choral. Ich wäre lieber ein fröhlicher Pop-Song, auch wenn ich weit und breit keinen in meiner Großfamilie entdecken kann, also auch wenig Material zur Orientierung zu meiner Verfügung ist. Es fällt mir nicht leicht, meine melancholische Grundmelodie zu akzeptieren. Oft bleibe ich an den Blue Notes kleben, die meine Melodie zwar interessant, aber schwerer zu hören machen. An manchen Tagen sehe ich nur die Andersartigkeit meiner Töne und nicht die unbedingte Liebe Gottes zu mir. Und dann soll ich für die Grundmelodien meiner Kinder Begleiter sein? Hier ist mein Hinhören gefragt: Bekommt mein Kind Raum zur Entfaltung seines Wesens? Höre ich die zaghaften und leisen Töne noch oder nur die lauten Paukenschläge? Kann ich noch die Melodie erkennen? In meinem Hören liegt eine Verantwortung. Höre ich nicht mehr hin und verliere den Faden zu meinem Kind, kann es sein, dass ich mich nach einigen Jahren über schräge Töne wundere oder erschrecke.

Bis zum Alter von zwei Jahren testet ein Kind erste Versuche seiner Melodie aus. Bis es sechs Jahre alt ist, braucht es eine Begleitung im Erproben der nächsten Töne. Es ist nicht egal, was Kinder lesen oder hören, was sie sehen oder aussprechen. Es prägt mein Kind, wie ich rede, denke und schweige – welche Melodie ich ihm vorspiele. Kinder dürfen korrigiert und ermutigt werden, Gutes und Nicht-Gutes für sich zu entdecken.

Die Frage: »Was braucht mein Kind?« sortiert manche Töne aus. Es gibt Kinder, die Filme erst mit acht Jahren aufnehmen können und welche, die mit sechs Jahren begeistert im Kino sitzen können. Ich fühle mich oft etwas speziell, weil wir um der sanften Melodien unserer Kinder willen und wegen meiner empfindsamen Lebensmelodie zum Beispiel auf sämtliche Hexengeschichten verzichtet haben. Zu den Melodien von meinem Mann und mir hat diese Entscheidung gepasst. Sie war schlüssig. Es hat andere Familien angeregt zu prüfen, ob diese Entscheidung auch ihnen gut tun kann. Viele finden uns bis heute in diesem Bereich »speziell«. Aber mir war in der Zeit, in der unsere Kinder ihren Charakter entdeckten, wichtig, auf Einflüsse zu achten, die ihr Bild von Gott oder dem Leben gestalten. Kräfte, die Gott entgegentreten, kann ich nicht locker im Auto als Unterhaltung hören.

Bis zur Schule haben wir als Eltern den Kindern viele Anregungen für ihre Melodie angeboten. Vor allem haben wir ihnen Gottes Genialität nahegebracht, die sich in Geschmack, Farben, Gerüchen und Geräuschen sinnlich entdecken lässt. Wir haben in dieser Phase viel gesungen. Dabei haben wir uns über Gott gefreut oder einfach Quatschlieder genossen. Wir haben beten geübt. Wir haben versucht, Streit und Versöhnung zu verstehen. Alles, damit die Melodie unseres Kindes viel Material bekommt, um zu reifen. Material, das uns wichtig war. Die Anzahl an Tönen, die von Gott berichten, wird oft in der Schule und durch den stärkeren Einfluss von Freundschaften kleiner. Deshalb war es uns wichtig, diese Grundlagen im Kindergartenalter zu legen.

Die Melodie verfälscht?

Ab dem Grundschulalter mussten wir neu hinhören. Kinder testen in dieser Zeit neue Variationen ihrer Melodie aus. Auch Variationen, die uns nicht gefallen. Ich habe gelernt, dass es Menschen mit anderer Grundmelodie gibt. Menschen, die anders leben und andere Themen und Gedanken für ihre Kinder wichtig finden. Wo wir als Eltern zum Beispiel bewusst auf die Storys um den Osterhasen und den Weihnachtsmann verzichtet haben, gab es Menschen, die dies unbedingt als Note in der Melodie ihrer Kinder haben wollten.

Ich habe andere Eltern beobachtet und mich oft hinterfragt: Habe ich die Lebensmelodie meines Kindes verfälscht, weil ich als Mutter eine Entscheidung getroffen habe? Aber die feinfühligen Reaktionen unserer Kinder auf Menschen und ihre Geschichten und auf die unsichtbare Wirklichkeit im Glauben an Gott bestärkten mich darin, dass wir beim Hören auf ihre Bedürfnisse richtig entschieden haben. Immer wieder komme ich zu dem Schluss: Selbst wenn mein Hören auf die Bedürfnisse der Kinder falsch gewesen sein sollte, Gottes Kerngedanken verfälsche ich nicht. Das ist für mich die Grundlage einer entspannten Haltung zur Erziehung.

Es ist mein Job als Mutter zu hören. Den Tonartwechsel bei Kummer wahrzunehmen oder festzustellen, dass die Melodie wenige Töne zur Verfügung hat. Erschrocken war ich über das Achselzucken einer Mutter: »Was soll ich machen? Meine Kinder interessieren sich für nichts. Nur für Fernsehen!« Ein anderer Vater meinte: »Meine Kinder gehen nicht raus. Das sind Stubenhocker. Wir sind nie draußen. Ich wüsste gar nicht, was wir da sollten!« Gottes supergeniale Grundmelodie wird reduziert, weil die Eltern keine Ideen haben, die Kinder zu fördern und zu formen.

Es gibt in meinem Leben als Mutter Momente, wo ich nur Stille höre. Wo meine Kinder sich für Pause entscheiden. Ich übe mich im Vertrauen, dass Gott meine Kinder weiter sieht und formt. Ich liebe es, wenn ich dann – nach Seufzen und innerem Aktivismus, was wohl zu tun ist – bei diesem Gedanken mein Zuhause finde: Gott hat in jeden eine wundervolle Melodie gelegt. In jeden. Auch, wenn sie mal verstummt, mal eine Pause braucht.

Ich bin für das Hinhören da. Da ich Musik laut liebe, werde ich immer wieder üben müssen, die leisen Abschnitte auch wahrzunehmen. Mich nicht ablenken zu lassen, wenn mein Kind keine Paukenschläge verwendet, sondern leise Tonfarben nutzt. Seit 18 Jahren bin ich Mutter. Ich habe meine eigene Melodie noch nicht völlig verstanden. Ich übe mich. Und ich übe mich im Fördern anderer Melodien. Auch da gibt es Tage, an denen ich gern ein Notenblatt über Gottes Idee für meine Kinder hätte. Ich möchte meine wichtige Aufgabe erfüllen: Hörende sein.

???

- Welche Angebote biete ich meinem Kind an, seine Melodie zu entwickeln? Welche Musik ist mir wichtig? Welche Bücher lesen wir vor? Wen besuchen wir? Wie entdecken wir eine Stadt?
- Wie bringe ich Gottes Wesen zur Sprache? Wie lernen wir zusammen beten?
- Welche eigenen Tonfarben und Melodieverläufe kenne ich von mir?

!!!

- Kinder saugen aus der Atmosphäre im Alltag und aus dem, was sie tun, Material für ihre Charakterentwicklung heraus.
- Das Kind bringt Gottes geniale Grundidee für seine Identität mit!

HINSEHEN

Im Bekleidungsgeschäft ist heute ganz schön was los. Ich suche gleichzeitig für fünf Personen nach Schnäppchen. Verschwitzt und abgekämpft stehe ich nach einigen Anproben in der Schlange und warte. Mein Blick bleibt an einer jungen Frau hängen. Müde sieht sie aus und zerknirscht. Sie kaut an ihrem Fingernagel und fährt sich immer wieder durch die halblangen Haare. Mit unruhigen Bewegungen schiebt sie ruckartig den Kinderwagen hin und her. Das Jammern von dort wird lauter. Mechanisch stopft sie den Schnuller ins Gesicht des Kindes und drückt die Decke fest. Fast möchte ich ihr den Leitsatz meiner Mutter zurufen: »Wenn wir schwitzen in einem Geschäft, warum sollten es die Babys und Kleinkinder nicht auch tun?« Was mich allerdings viel mehr beschäftigt, ist, dass die Mutter das Kind nicht ansieht.

Wie oft ruht mein Blick eher auf dem Handy oder dem Angebotsprospekt, und ich reagiere automatisch auf das Kind? Ohne hinzusehen. Ohne es anzusehen. Einfach schnell erledigen...

Natürlich kann ich mir ausmalen, was gedanklich alles in der jungen Mutter vorgeht. Ich erinnere mich sofort an meine Kinderwagenzeiten. Viel arbeitet in ihr und sicher auch viel Forderndes. Und dann noch das zermürbende Weinen des Kindes... Aber die kleinen Gesten des Alltags sagen viel aus über unsere Beziehungen. Diese kleinen Gesten – Hinschauen, Streicheln, Halten – sind Grundlagen, die bis in die Pubertät reichen. Und spätestens dann brauchen wir dringend eine tragfähige Beziehung mit unseren Teens.

Was geht in dem Kind vor? Es spürt ein Gefühl mit dringendem Meldebedürfnis: zu warm, zu durstig oder müde. Wird es in dieser Situation angesehen? Wird wahrgenommen, was es äußert? Wird das Bedürfnis gesehen? Oder bekommt das Kind als Reaktion nur ein Stöhnen oder Seufzen? Nur ein liebloses »Schnuller rein«? Nah sein heißt zu spüren, was mein Kind braucht. Sein Bedürfnis wahrnehmen und ihm begegnen. Lieber ein Top weniger anprobieren und dafür erkennen, dass das Kind schwitzt. Nicht immer gibt's dann die Beruhigungsgarantie. Auch wenn ich hingesehen habe, konnten meine Kinder problemlos weiter knurren oder nörgeln. Aber ein Kind, das sich gesehen fühlt und Nähe bekommt, fühlt sich geliebt.

Vorausschauend

Das Hinsehen ist für mich eine gute Grundlage von Erziehung. Es ist der erste Schritt, um Nähe herzustellen. Durch das Hinsehen konnte ich zum Beispiel bemerken, wenn mein Kind sich im Spiel mit einem Gastkind unwohl fühlte oder wenn Bauchschmerzen im Anmarsch waren. Einmal hatte ich mit einer Freundin eine gemütliche Teerunde. Unsere Kinder spielten im Garten, wir gaben uns gegenseitig Buchtipps. Auf einmal sagte sie: »Wenn unsere zwei gleich kommen: Beide nehmen sich ständig die Schaufel weg. Wir halten uns raus!« Ich sah sie irritiert an. Sie hatte bei unserem Gequatsche mitbekommen, wie sich das Ringen um die Schaufel abspielte. Wenn sie nicht hingesehen hätte, hätten wir uns eingemischt. So konnten die Kinder selbst versuchen, ihren Streit zu lösen. In diesem Moment habe ich neu verstanden: Hinsehen ist Teil meiner Erziehungsaufgabe.

Nadine bat um ein Gespräch, da sie so unter dem wilden Charakter ihres Sohnes litt. Sie erzählte, dass ständig etwas kaputtgehe und schlechte Stimmung sei. Während unseres Gespräches versuchten wir, Tee aus kleinen Tässchen zu trinken – mit drei Kleinkindern in einem kleinen Raum. Als wäre das nicht schwer genug, gab es den Tee auf einem Couchtisch in Kniehöhe. Während Nadine versuchte, ihre Situation zu schildern, turnte ihr Sohn an der Babyschale meines Babys herum. Immer mal wieder griff er, ohne hinzusehen, in das Glas mit Salzstangen. Jedes Mal, wenn seine Hand Richtung Glas griff, hielt ich das Glas fest. Mir fiel auf, dass die Mutter keine Anstalten dazu machte. Beim nächsten Turn-Ess-Versuch sah ich nur zu. Mit lautem Klirren fiel das Glas um. Die restlichen Salzstangen rollten über den Glascouchtisch und auf den Teppich. Nadine sprang überrascht und schimpfend auf und entschuldigte sich immer wieder für ihren Sohn. Als der Trubel vorbei war, fragte ich sie: »Hast du gesehen, dass er nach dem Glas griff?« Erstaunt sah sie mich an: »Nein. Ich kann doch nicht auf alles achten.« Wenn Eltern wachsam hinsehen, können sie an der Art des Sitzens sehen, ob ihr Kind im nächsten Moment aufstehen möchte. Sie können erahnen, ob das Kind sich einen Hocker zum Klettern heranziehen möchte oder nach dem großen Brotmesser greift. Hinsehen spart Nerven.

Enge Bindung

Hinsehen hat für mich noch eine Nuance. Ich warte ungern und bin schnell an meinem Handy. Hätte ich heute ein Baby oder Kleinkind, müsste ich das Handy wegschließen, um nicht ständig draufzusehen. Als Timna ein Baby war, habe ich irgendwann beschlossen, beim Stillen kein TV zu sehen. Für manche klingt das selbstverständlich. Für mich war ein bewusster Entschluss nötig. Ich bin ein eher zappeliger Mensch und habe es üben müssen, dem Kind in die Augen zu sehen und Kontakt aufzunehmen. Wenn ich Eltern sehe, die ihr Kind ohne Augenkontakt füttern, möchte ich gern mit einem klitzekleinen Vortrag anfangen, warum diese Form von Nähe die Grundlage zum Glücklichsein bildet.

In den ersten drei Lebensjahren wird die Bindung zwischen Eltern und Kind so gestaltet, dass ein Kind sich im besten Fall versorgt und sicher fühlt. Dies geschieht durch feinfühliges Hinsehen und Reagieren auf das Kind. Eine sichere Bindung ermöglicht es dem Kind, Lust auf das Lernen zu entwickeln und Krisen zu meistern. Denn die emotionale Umgebung, in die ein Baby hineingeboren wird, hat großen Einfluss darauf, wie sich das Nervensystem des kleinen Menschen entwickelt.

Ich also hörte auf, beim Stillen TV zu sehen und sprach mit dem trinkenden Baby, später mit dem krabbelnden Kleinkind und dem kräftemessenden Schulkind. Und ich sah hin. Mal mehr, mal weniger motiviert. Mich der Beziehung zu stellen und die Bindung des Kindes an mich zuzulassen, ist Arbeit. Aber sie geschieht quasi von selbst – durch das Hinsehen.

???

- Wo kann ich bewusster hinsehen und mein Kind wahrnehmen?
- Ich sehe mein Kind an, wenn es weint – wie geht es ihm? Was erzählt mir ein Blick auf mein Kind?
- Sehe ich mehr auf mein Handy als in das Gesicht meines Kindes?

BODENTURNEN

»Wie war dein Tag?«, fragt Henrik. »Wie ging's mit den Kindern? Was habt ihr Schönes gemacht?« Ich seufze und erinnere mich an Wutausbrüche wegen des Mittagessens, Streit um die Lieblings-CD und krakelige Hausaufgaben. Und dann war schon wieder ein Tag unseres Lebens fertig gelebt. War ich den Kindern als Mutter nah genug? Habe ich es geschafft, ihre Persönlichkeit zu fördern oder einfach nur versucht, das Chaos zu überleben? Ich antworte: »Wie immer: wild«, und bleibe mit dem mulmigen Gefühl zurück, meine Kinder nicht wahrgenommen zu haben.

Das Leben mit Kindern rinnt jeden Tag durch die Finger. Es sammeln sich dabei gute und fordernde Momente. Und schon ist wieder ein Tag vorbei. Eine große Falle für Selbstzweifel ist der Gedanke: »Ich habe gar keine Zeit für mein Kind!« Irgendwann las ich den Tipp: »Zehn Minuten pro Tag auf dem Boden«. »Bodenturnen – nicht mit mir!«, dachte ich. »Geht doch auch auf dem Sofa oder am Esstisch.« Meine Selbstversuche haben mir aber gezeigt: Es macht Sinn, den Boden als Begegnungsfläche zu nutzen.

Jeden Tag habe ich mit meinen Kindern »Bodenzeiten« gehabt. Zeiten, in denen ich nicht wegkonnte, in denen ich nicht neben Bobo Siebenschläfer noch die Socken sortieren konnte. Ich war ganz da. Wir hatten ungeteilte Nähe. Bei unseren drei Kindern lief das sehr unterschiedlich. Während mir das eine Kind mit dem Befehl »Halt mal!« die Betreuung der Babypuppe übertrug, wollte das andere Kind mit mir durchs Zimmer toben und rollen. Und das dritte wollte lieber vorgelesen bekommen und kuscheln. Unsere Kinder haben diese Nähe genossen. Alle drei haben ihre Art genutzt, um Nähe aufzusaugen. Und ich hatte erziehungsfrei, keinen Druck, in diesen Minuten etwas an der Persönlichkeit richten oder formen zu müssen. Ich konnte einfach als liebender Gast ins Leben der Kinder eintauchen. Konnte spüren: Wer ist dieser Mensch? Was mag er? Was kann ich ihm geben? Oder von ihm bekommen?

Ich gebe zu, ich bin oft seufzend die Treppe zu den Kinderzimmern hochgeschlichen. »Jetzt noch Bodenturnen! Ich müsste doch noch und sollte doch...« Nicht selten haben mich diese Zeiten auf dem staubigen Boden der Kinderzimmer erfüllt und neu an mein Kind gebunden. Mein Mann ist davon überzeugt, dass meine enge Bindung zu den Kindern aus diesem »Bodenturnen« resultiert. Ich habe in diesen Zeiten versucht, gute Worte auszusprechen und nicht die zerknickten Bücherseiten zu thematisieren. Ich habe versucht, Fragen zu stellen und mich mit entspannten »Nö«-Antworten zufriedenzugeben und nicht nachzubohren, wenn unser Kind lieber schweigen will. Bis heute gehe ich ins Zimmer und frage: »Darf ich mich setzen?« Und wenn ich darf, bewege ich meine steifen Knie auf den Boden.

Nähe üben

Jedes Kind hat seine Bodenzeit bekommen, allerdings nicht sklavisch jeden Tag. Das war möglich, weil ich auf Lücken im Tag geachtet habe. Wenn ein Kind noch im Kindergarten war oder eher ins Bett ging, hatte ich die Chance, mit einem anstatt mit allen dreien Nähe zu üben. Unsere Kinder wussten auch, dass es nicht um tagesfüllende Programme mit mir geht, sondern um einen Zehn-Minuten-Besuch. Ein Kind hat mich oft so begrüßt: »Besuchst du mich wieder? Heute können wir nichts spielen. Ich male.« Dann gab es für mich die Aufgabe, zuzusehen und auch zuzuhören. Unglaublich, was mein Kind beim Malen alles so denken kann. Ich hätte so viel verpasst, wenn ich mich wieder rausgeschlichen hätte mit dem inneren Triumph, diese zehn Minuten »gespart« zu haben.

Nähe ist nicht einfach da. Gute Beziehungen entstehen nicht über Nacht. Nähe will umworben und geübt werden. Es gibt Flauten und Missverständnisse, murrende Momente voller Ratlosigkeit. Aber bewusst in Nähe zu investieren, ist so viel mehr wert, als erschöpfte Kleinkindeltern oft denken.

???

- Wie kann ich das »Bodenturnen« mit meinem Kind im Alltag umsetzen?
- Wie kann ich mich an die zehn Minuten für das einzelne Kind erinnern?

FLÜGELENTDECKER

Wir sind mit Timna (3 Jahre) und Rieka (5 Monate) im Zoo.
Nach einigen Tieren ist ein Abenteuerspielplatz zu entdecken.
Timna klettert und schaukelt und will auf die Rutsche. Henrik
geht mit ihr. Oben angekommen wird ihm bewusst, wie hoch
diese Rutsche ist. Unmöglich für eine Dreijährige. Ein Blick
zurück zur Leiter macht ihm schnell klar: Das geht auch nicht.
Zusammen rutschen ist ebenfalls nicht möglich, denn die Rutsche ist für einen großen Mann nicht konstruiert. Als Henrik
mich ruft, höre ich: Hier stimmt was nicht. Der Unterton ist
panisch: »Steffi, guck Timna die ganze Zeit an, bitte! Bis sie
unten bei dir ist!« Ich stelle mich vor die Rutsche und bekomme
feuchte Finger – so weit oben ist mein Kind. »Guck sie an!«,
ruft Henrik noch mal von oben, und ich winke meiner Tochter
zu. Henrik lässt sie los und sie rutscht viele, viele Meter. Als
Henrik sich die steile Leiter heruntergemüht hat, zittern ihm
die Knie. »Das war Erziehungskurs pur! Mein kleines Mädchen
loslassen – puh! Ich hatte so Angst, dass sie sich über den Rand
lehnt oder einfach bremst und aufsteht!« Ich schlucke mit ihm
zusammen den Schrecken runter. »Deshalb wollte ich, dass
du sie ansiehst«, erklärt er. »Damit sie weiß, wohin sie muss!«
Timna zupft an Henriks Hosenbein und fragt: »Noch mal? Bitte
noch mal?« Henrik beugt sich zu ihr: »Nein, mein Schatz,
einmal Loslassen üben reicht mir heute!«

Loslassen ist eine Übung, die schneller beginnt, als Eltern es sich
ausmalen. Für mich war es und ist es immer wieder überraschend.
Da habe ich mich gerade daran gewöhnt, dass unsere Kinder mit

uns leben – »Schwups« übernachten sie mit fünf Jahren bei Freunden und sind nur noch selten zu Hause. Sie organisieren ihren Nachmittag und die Schulbelange. Waren wir nicht gerade erst in der Bauchwehphase? Und in der Phase mit den aufgeschrammten Knien vom Inlinerfahren? Zwischen all diesen Phasen sind wir Begleiter der Flügelentdecker. Zunächst sind die Flügel unserer Kinder klein. Da reicht es gerade dafür, um bei einer fremden Person auf den Schoß zu klettern oder im Supermarkt den Lieblingsjoghurt zu suchen. Irgendwann ist eine erste Besorgung allein in die Stadt oder das eigenständige Hinfahren zum Fußballtraining oder Musikkurs dran. Bei allen Ängsten der Eltern und Befürchtungen der Kinder (s. Kapitel »Angstklammer«): Das Loslassen stärkt die Flügel der kleinen Entdecker. Es ist wie eine Gymnastik, die hilft, die Flügel zu nutzen.

Manchmal klopft es an meine Terrassentür. Seit Marvin drei Jahre alt ist, wird er von seinen Eltern mit kleinen Infos oder ausgeliehenen Gegenständen zu uns geschickt. Er stapft durch seinen Garten, zwängt sich durch die mit einem Gummi verschlossene Gartentür, kommt die Treppe hoch, zieht seine Schuhe aus und richtet uns nach dem Klopfen sein Anliegen aus. Mit vier hat er Radfahren gelernt und raste mit Vollmotivation auf die Querstraße bei uns zu. Als wir riefen: »Anhalten! Straße!«, meinte er cool: »Weiß ich, habe ich doch mit meinen Eltern geübt!« Herzklopfen hatten alle Zuschauer dennoch. Marvin nicht. Ein kleiner Kerl, der es gewohnt ist, Sachen selbst zu können.

Flügel wieder eingepackt

Flügelentdecker brauchen Rückenwind. Eltern sind dabei in einem andauernden Wechselbad der Gefühle. Ermutigen oder lieber warnen? Pusten und antreiben oder bremsen und halten? Wir sind schon viele Jahre in der Jugendarbeit aktiv. Schon vor unseren eigenen Kindern haben wir einige andere zum Nutzen ihrer Flügel ermutigt. Jutta schüttete Henrik ihr Herz aus, dass ihr Sohn Fabian auf keinen Fall mit neun Jahren auf eine Zeltfreizeit fahren könne: Er sei doch ihr Baby. Lachend überredete Henrik sie, und der Junge hatte eine fröhliche Zeit auf der Freizeit. Als mein Baby dann sogar zehn Jahre alt war, habe ich mich gedrückt und ihn lieber zur Fußballschule angemeldet. Da konnte er zu Hause schlafen. Unsere Töchter haben das durchschaut und mich streng ans Loslassen erinnert: »Mama, wie soll er lernen, wer er ist, wenn du alles für ihn managst? Er muss auch mal ohne euch sein!«, meinte die eine. Und die andere ergänzte: »Wir mussten schon mit acht Jahren auf Freizeiten, ob wir wollten oder nicht. Und das war gut.« Im Sommer darauf brach sich unser Sohn den Arm. Ich seufzte erleichtert, dass er so nicht zur Freizeit fahren konnte. Und der Sohn packte grinsend seine kleinen Flügel wieder ein. Erst mit zwölf Jahren fuhr er zu einer Zeltfreizeit und fand es großartig! Flügel genutzt und für gut befunden. Und ich lag betend im Bett und schüttelte über mich selbst den Kopf. Besonders grinste der Mann, der im Ehebett neben mir liegen darf. Immer wieder erinnerte er mich: »Weißt du noch, als Jutta Fabian nicht mit auf die Freizeit schicken wollte?«

Das Loslassen ist mir auch bei einem anderen Thema schlecht gelungen. Ich habe durch meine sensitive Wahrnehmung sehr auf die Nutzung von Medien geachtet. Bis unsere zweite Tochter zur Schule kam, gab es nur Kurzfilme auf DVD und nur jeden zweiten Tag. Erst langsam haben wir uns an lange Spielfilme gewagt. Kino war bei unseren Töchtern ab sieben Jahren möglich, unserem Sohn macht es bis heute wenig Spaß. Einen eigenen PC oder Laptop haben die Kinder erst mit 17 und 15 Jahren bekommen. Unser Sohn spielt Fifa an der Playstation. Es gibt nur einen Familienfernseher, damit es für uns als Familie auch Zeiten gibt, wo wir uns wahrnehmen »müssen«. Nachdem die Grundschule beendet war, habe ich den Zeitpunkt verpasst, das »Gut-auf-die-Kinder-Achten« zu aktualisieren (s. Kapitel »Das muss«). Ein Freund stellte fest, dass unsere Kinder auch trainieren sollten, ihren Geschmack bei Musik, Filmen und Youtube-Clips zu entdecken. Auch hier sind Flügel zum Entdecken des eigenen Standpunktes nötig. Ich mag kaum zugeben, wie ich mich nach den ersten Folgen »Hannah Montana« gefühlt habe. Für mich war es Trash-TV – meine Mädels liebten es. Von dem Ausflug meiner Teen-Girls in die Model-Castingshows einige Jahre später ganz zu schweigen. Ich bleibe pustend oder bremsend dabei und sehe ihnen beim Entfalten ihrer Persönlichkeitsflügel zu. Und doch: Nicht alles gefällt mir, und oft möchte ich die TV-Sendungen mehr als einmal kommentieren. Mittlerweile kommt nur noch: »Maaaaaama! Ich weiß! Es ist trotzdem cool!«

Bei anderen Themen bin ich gelassen und bin mir sicher, unsere Kinder nutzen ihre Flügel: Sie gehen als Teenager gut mit der Planung ihrer Woche um, sie haben einen Überblick über ihr Kleider- und Taschengeld, sie halten Termine und Absprachen ein.

Zuhören

Wenn wir unsere Kinder zum Flügelnutzen ermutigen, können wir nicht immer dicht an unseren Kindern bleiben. Sie drehen ihre Runden, testen Nähe und Abstand. Es wird Tage voller Schweigen und Alltag geben, wo die Flügelentdecker ihre Runden drehen. Und dann – oft unverhofft vor der Waschmaschine oder am Esstisch – gibt es einen Moment, in dem die größer werdenden Kinder uns ihre versengten Flügel zeigen und sie verarzten lassen. Sie holen sich unseren Rat oder einfach nur unsere Umarmung. Diesen Moment nicht zu verpassen, ist die Kunst von Beziehung. Sich beim Zuhören zu fragen: »Was braucht mein Kind jetzt? Was lernt es für sein Leben aus meiner Reaktion?«, ist die Kunst von Erziehung. Wenn ich erschrocken reagiere und schimpfe, wird das Kind immer seltener von seinen Testflügen erzählen. Wenn ich mitleide und jammere, verliert das Kind den Mut, seine Flügel zu nutzen. Dem Kind zuzuhören, wird mit jedem Lebenstag wichtiger. Zuzuhören, um mein Kind zu verstehen. Das ist für mich die schwerste Aufgabe beim Loslassen: Ich halte meine Gedanken und Gefühle zurück. Ich richte mich auf mein Kind aus. Ich bin oft innerlich in Aufruhr, wenn ich etwas höre und denke, eine Toplösung zu haben. Noch gelingt es mir oft nur fünf Minuten lang, mich zurückzuhalten. Und manchmal auch keine Minute. Aber auch ich darf üben ...

???

- In welchen Bereichen fällt es mir schwer, Verantwortung an meine Kinder abzugeben?
- Wie kann ich reagieren, wenn mein Kind von seinen Erfahrungen berichtet?
- Wie kann ich es ermutigen, seine Flügel einzusetzen und zu nutzen?

ECKBANKWEISHEIT

Wenn ich einen ganz schweren Tag habe und mich frage, wie ich für diese Kinder offen sein kann, sie fördern kann, ohne mich zu verlieren; wenn ich an mir zweifle, dann mache ich mir bewusst, was ich bin: die Mommy, Mama, Mutter. Ich bin nicht auszutauschen. Ich bin.

Es scheint mir manchmal, als hätten unsere Mütter und Großmütter, unsere Väter und Großväter ganz einfach gewusst, wie sie das Herz ihrer Kinder halten sollen. Sie haben für Bildung, Wärme, Glauben und Nahrung gekämpft und sich für ihre Kinder eingesetzt, ohne einen einzigen Ratgeber zu lesen. Sie wirken auf mich klar und nah. Ich kann nur ahnen, wie sehr sie sich an der Generation vor ihnen gerieben haben. Wenn meine Großmutter Helene erzählt, bekomme ich eine Idee davon. Eine junge Frau in den Wirren der politischen Sackgassen, Familienkrisen und Hoffnungslosigkeiten. Fast überraschend wurde sie in die Mutterrolle gestupst. Mit den Kindern entwickelte sich ein Familienprofil, ohne dass sie es erarbeitet oder eine Beratung in Anspruch genommen hätten. Von außen wirkten sie sehr entspannt – und doch mussten sie sich als Paar in das Thema kämpfen, nun Eltern zu sein.

Fehler wurden gemacht im Miteinander und im Begleiten. Doch das Herz war immer zugänglich. Noch als Enkelkind habe ich auf der Eckbank sitzend gespürt, dass hier starke Persönlichkeiten gereift und erzogen worden sind – aus einem Instinkt heraus. Meine Großeltern waren einfach Mutter und Vater. Es wurde herzlich gelacht, wenn alle sich um die letzte Scheibe Mettwurst balgten. Und alle schwiegen, wenn Papas Donnerwetter auf sie niederging. Bis heute reifen diese Persönlichkeiten weiter – auch ohne Eckbank.

Das macht mir Mut, wenn ich über das Lispeln eines Sechsjährigen oder Wutanfälle einer Dreijährigen nachgrüble. Wenn ich mich festlese in Ratgebern, die mich in verschiedene Richtungen schicken wollen. Bei allen Profi-Tipps verliere ich mehr und mehr die Verbindung zu mir. Ich bin doch Mutter und muss nicht rundum gebildet sein. Ich sehe mir mein Handeln an und kann meine unsichere Haltung selbst spüren. Was sagen die anderen? Sind es zu viel oder zu wenig Geburtstagsgeschenke? Denken die anderen, ich hab's drauf? Oder schütteln sie heimlich den Kopf über meine Ansichten?

Unsere Elterngeneration ersehnte sich nach all den Eckbank-Kindheiten mehr Individualität und mehr Freiraum und gab das an ihre Kinder weiter. Oft brachen sie mit den stärkenden Ritualen und Verbindungen, die Familien ausmachen. Und ich? Ich bin so mit der Beachtung der einzelnen Persönlichkeiten unserer Kinder beschäftigt, dass mich eine Sehnsucht nach der Resopal-Eckbank überfällt und ich Retrozeug in mein Esszimmer stelle. Ein Herzenssehnen nach Geborgenheit, Familie, Zusammenhalt. Die verschiedenen Generationen von Eltern zu betrachten, hat für mich als Mutter mehr und mehr an Wert gewonnen.

???

- Wo sind Weisheiten, die ich heute noch entdecken kann?
- Wo stoße ich auf Enge und störende Haltungen, die ich niemals mehr nutzen möchte?

LIEBEVOLLER BLICK

Rieka ist mit Schlagzeugspielen in der Band beschäftigt, und ich liebe es, sie dabei anzulächeln. Einen Blick auf sie zu richten, in dem sie meine Liebe und ihre Einzigartigkeit spürt.

Ich genieße diese Zeit, in der ich sie einfach ansehen und lieben kann. Oft blickt sie irgendwann zurück und schenkt mir ein kurzes Lächeln.

Der Blick, den wir unseren Kindern zuwerfen, ist oft geprägt von Alltagssituationen. Und zugegeben: In meinen Blicken liegt oft eine stumme Bitte oder sogar eine Drohung: »Wag es nicht!« oder »Sprich leiser!« Um unsere Erziehung und die Beziehung zu unseren Kindern zu entspannen, ist der liebevolle Blick eine wirksame Übung. Das schlafende Kind verzückt anzublicken, kann dabei der erste Schritt sein. Was für eine Geschenk und eine Ehre ist es, diesen Menschen begleiten zu dürfen! Einen solchen Blick am helllichten Tag im Eifer des Erziehungsgefechtes zu nutzen, braucht Übung. Nicht selten wurde ich beim Warten an der Kasse von meinem verwirrten Kind gefragt: »Warum guckst du mich so an?«

Nach einer schrägen Situation voller Unruhe und Sockenanzieh-Unwillen in der Umkleidekabine des Kindersports habe ich meinen erschöpften vierjährigen Sohn beim Anschnallen im Auto lange angesehen. Ich habe mir vorgestellt, wie Gott aus ihm einen starken Mann entwickeln wird. Stark ist er und willensstark auch – das hat er gerade eben bewiesen. Nun sah er mich an und meinte: »Nicht lieb gucken, Mama. Ich bin doof!« Der liebevolle Blick war in diesem Moment für ihn und für mich heilsam. Das kleine Gespräch, das daraus entstand, war nötig und ein echter Herzensmoment.

Neben stärkenden Worten und dem Hinsehen zum Kind macht das liebevolle Ansehen das Erziehen leicht, weil es das Kind mit den Eltern verbindet und Nähe schafft. Durch den Blick bekommt das Kind die Aufmerksamkeit in einer Situation, die das Kind fordert. Der liebevolle Blick schafft eine Verbindung vor dem Kindergarten-Konzert oder vor der Impfung beim Arzt. Mit dem Blick können wir unsere Kinder halten, trösten, ermutigen oder anspornen.

Liebevolle Blicke zu schenken bedeutet, an dem Alltäglichen vorbeizusehen auf die schöne Seele des Kindes. Nicht sein Verhalten oder seine Entwicklungsthemen in den Blick zu nehmen, sondern sich einfach über diesen wunderbaren Menschen zu freuen. Wenn man sein Herz mit so viel Liebe erwärmt, ist das eine starke Kraft. Ich erlebe beim Heranzoomen meines Kindes und beim bewussten Lieben, dass sich meine Haltung zum Kind verändert. Habe ich gerade noch mein Kind als albernen Clown in einer Gruppe wartender Kinder wahrgenommen, spüre ich durch den liebevollen Blick seine Lebensfreude.

Gottes Blick

Mir hilft es, mir bildlich vorzustellen, wie Gott mich ansieht. Wie sein Blick mich erreicht. Das hebräische Wort für »männlich« ist verwandt mit dem Wort für »sich erinnern«. Das Wort »weiblich« lässt bei der Recherche das Wort »empfangen« entdecken. Damit werden auch Wesenszüge von Männern und Frauen beschrieben. Männer sind also eingeladen, Zeugen für Gottes Wort und Wirken zu sein und daran zu erinnern, was Gott Gutes getan hat. Die Fähigkeit, die Liebe Gottes zu empfangen und weiterzugeben, kann das Wesen von Frauen auszeichnen. Wo Frauen diese Liebe nicht aufnehmen wollen oder können, entstehen Verletzungen. Aber auch da, wo sie die Liebe Gottes nicht weitergeben. Wenn wir uns der Liebe Gottes verschließen, kann das verschiedene Ursachen haben. Oft sind es Erlebnisse, dass wir von nahen Menschen nicht geliebt und geachtet, vielleicht sogar verachtet wurden. Die Erinnerungen daran lassen uns Gottes Liebe als unglaubwürdig erscheinen. Um hier Heilung zu erleben, ist es hilfreich, sich im Alltag trotzdem und bewusst immer wieder unter den liebenden Blick Gottes zu stellen und ihm das hinzuhalten, was in uns verletzt ist und uns hindert, seine Liebe anzunehmen.

Das liebevolle Ansehen unseres Ehepartners, unserer Freunde oder auch fremder Menschen ist eine weitere Übung, um sich bewusst zu werden, wie gut es ist, erwünscht und gewollt zu sein. Eine kleine Revolution der liebevollen Blicke also ...

!!!

- Wir können ganz praktisch üben, den liebenden Blick Gottes auf uns zu spüren und dabei Worte der Bibel bei der Hand oder vor Augen zu haben. Manche Sätze, die andere in der Vergangenheit zu uns gesprochen haben, legen uns fest oder schränken uns ein. Diese Sätze kann man durch liebevolle Sätze, die Gott uns zuspricht, entkräften.

GOTT IM ALLTAG ENTDECKEN

»Ich langweile mich so sehr mit dem Kind zu Hause. Um 9 Uhr haben wir schon beide so eine schlechte Stimmung. Ich bin so ideenlos«, beschreibt Birgit ihren Alltag mit Jenna (4). »Wir sitzen herum und öden uns an. Drei Minuten Buch lesen, drei Minuten puzzeln – und dann? Wie soll ich da meinen Glauben an Gott vermitteln, wenn ich für das normale Leben schon keine Ideen habe?«

Für eine Erziehung im Sinne Gottes brauchen Eltern zunächst gar nicht mehr als das normale Leben. Es ist nicht schwer, Ideen zu finden, um Gott im Alltag zu entdecken. Schwieriger ist es oft, erst einmal darauf zu kommen, sie überhaupt zu suchen.

In den ersten Monaten ist das Kind damit beschäftigt, die Welt kennenzulernen: bunt, dunkel, heiß und kalt, Stimmen, die es kennt, und fremde Menschen, die auch noch ganz neu riechen. Das ist spannend! In meinen Eltern-Kind-Gruppen ist es eine häufige Erfahrung, dass die Babys mittendrin einschlafen: »Ich habe genug gesehen, gehört, gerochen – ich bin k. o.« Denn ein Kind lernt durch den Trubel in der Gruppe und die verschiedenen Kontakte sehr viel. Mit jeder neuen Information wird ihm die Chance gegeben, Neues in sein unvollständiges Weltbild einzufügen. Wir können uns die Aufnahmekapazität des Gehirnes ungefähr so vorstellen, als sei ein Stift zwischen zwei Feldern einige Male hin- und hergesaust. Geben wir unserem Kind wenige Anreize, werden nur wenige neue Striche dazukommen. Um die Möglichkeiten des Gehirns aber richtig zu nutzen, sind ganz viele Striche und Verbindungen nötig. Wer also die Sinne trainiert, hilft seinem Kind, sich gut zu entwickeln.

Begreifen und erfassen

In ihrem »Handbuch der Sinneswahrnehmung« erklärt die Erziehungs- und Sportwissenschaftlerin Renate Zimmer:

> »Wahrnehmen ist ein aktiver Prozess, bei dem sich das Kind mit allen Sinnen seine Umwelt aneignet und sich mit ihren Gegebenheiten auseinandersetzt. Durch die Sinne begegnet es den Lebewesen und Dingen, es kann sie sehen, hören, befühlen und anfassen, kann sie schmecken und riechen, sich mit ihnen bewegen. Die Sinne liefern dem Kind viele Eindrücke über seine Umwelt und über sich selbst im Zusammenhang mit ihr. Das

Greifen ist immer auch ein Begreifen, das Fassen ein Erfassen. Das Kind gewinnt – bevor es sich sprachlich mitteilen kann – bereits ein Wissen über räumliche Beziehungen, und es besitzt dieses Wissen aufgrund seiner Erfahrungen durch Wahrnehmung und Bewegung, durch die sich diese Zusammenhänge erschließen. Um solche Erfahrungsprozesse zu ermöglichen, brauchen Kinder eine Umwelt, die ihrem Bedürfnis nach Aktivität und selbstständigem Handeln entgegenkommt. Sie brauchen vielfältige Möglichkeiten für den Einsatz und die Erprobung ihrer Sinne.«[1]

Der richtige Weg im Leben mit Kindern ist das Anbieten von neuen Dingen. Damit ist keine tägliche Superbastelaktion gemeint, sondern das bewusste Leben mit dem Leben. Ein Abenteuer auch für uns! Dem Kind den Regen vorzustellen und selbst nass zu werden, kann ganz neue Sichtweisen für beide geben. Wer sagt denn, dass das nasse Wetter »doof« ist? Sich einzucremen und dabei länger als eine Minute zu brauchen, kann ein Experiment werden. Ab dem Alter von einem Jahr kann es eine echte Party sein, wenn das Kind sich selbst mit hautfreundlicher Lotion eincremen darf – mit einem großen Handtuch als Unterlage. Bei uns hat das so manchen Regentag gerettet. Und: In diesem Erleben ist unser Gott dabei!

Wunderbar gemacht!

Gott spielt im Alltag der Kinder nicht von allein eine Rolle. Wir möchten den Kindern aber dabei helfen, Gott zu erleben. Dazu können wir Erfahrungen der Kinder immer wieder direkt und aus-

[1]   Renate Zimmer: Handbuch der Sinneswahrnehmung, Herder, 2012, S. 15

drücklich mit Gott in Beziehung zu setzen: Beim Staunen über die Wunder der Natur oder beim Nachdenken über besondere Fähigkeiten des Menschen können wir von Gott reden. Es braucht Mut, auf diese Weise Gottesbeziehungen im kindlichen Alltag zu entdecken und diese dem Kind gegenüber auch in Worte zu fassen. Da Kleinkinder ganz viel Sprache und Gespräch zu einer gesunden Entwicklung brauchen, nehmen sie die Nähe Gottes über unser Reden wahr. Auch bewusstes Singen und Beten mit Kleinkindern lässt sich gut umsetzen. Sich zusammen im Spiegel zu betrachten, kann Anlass für die Mama sein zu sagen: »Wie schön, dass Gott dich so wunderbar gemacht hat!« Oder bei einem eher schlechten Tag: »Wie gut, dass Gott uns so doll liebt. Auch wenn du weinst, ist er bei dir!«

Wir können Gelegenheiten schaffen, um Gott einzubeziehen. Mir hat mal ein Kinderarzt gesagt, ich solle mein Baby hemmungslos bewundern. Das sei mein Job als Mutter! Ich solle über die wunderschönen Ohren und Miniaugenbrauen schwärmen. Kinder, die sich im Lob sonnen können, bekommen ein gesundes Selbstvertrauen. Mir kam das zunächst selbstverliebt vor. Aber angelehnt an Psalm 139 habe ich unserer Tochter Timna erzählt, wie wunderbar sie von Gott gemacht sei. Ich brachte viel Zeit damit zu, ihr zu beschreiben, dass wir noch keinen Weg dieser kleinen Füße kennen und doch fest wissen dürfen: Gott begleitet jeden Schritt. Körperteil um Körperteil habe ich mit Gottes Augen beschrieben und mit meinen Liebkosungen garniert. Sie hat es wirklich genossen!

Anregungen für das erste Lebensjahr:

- Lebe bewusst: Jeder Schritt ist wichtig für dein Kind. Kommentiere alles, was du tust, erlebst, denkst und glaubst.

- Beziehe Gott bewusst in Alltagssituationen mit ein. Das können Sätze sein wie: »Ich koche etwas für dich. Gott versorgt uns gut.«
- Verabschiede dich von deinem bisherigen Ordnungssinn.
- Schaffe Gelegenheiten zum gemeinsamen Erleben und Kuscheln.

Anregungen für das zweite und dritte Lebensjahr:

Rund um den ersten Geburtstag beginnt eine Zeit, die ich »flinke« Zeit nennen möchte. Das Kind lernt, sich zu bewegen und wird für die Eltern ungewohnt schnell. In dieser spannenden Entdeckungszeit der ersten Schritte und Treppenstufen sind viele Eltern erschöpft: Nun ist das Kind schon ein Jahr lang eine Herausforderung und Bereicherung – und es wird nicht ruhiger, sondern eher turbulenter.

Eltern sind immer wieder eingeladen, sich bewusst für den nächsten Abschnitt zu entscheiden. Erziehung bedeutet immer, sich auf neue Bedürfnisse des Kindes einzustellen. Während ein Säugling viel Nähe und positive Zuwendung braucht, ist für ein Kind ab einem Jahr eine wachsame Erziehung zunehmend wichtig. Das Kind hat genug Beobachtungen gesammelt, um eigene Versuche zu starten, das Miteinander zu bestimmen. Nicht alle Eltern merken, wenn das Baby »plötzlich« zu einem fordernden Kleinkind geworden ist.

Ab einem Jahr wird so »die Farbe« der Familie angerührt, die entsteht, wenn alle zusammen sind. Dazu ist es erleichternd, sich über wiederkehrende Abläufe Gedanken zu machen. Wiederkehrende Abläufe an unseren Wochen- und Sonntagen oder im Jahreskreis werden zu Ritualen. Der Unterschied zwischen einem Wochentag und einem Sonntag kann schon für Kinder ab zwei Jahren spürbar sein. Da wird Zeit mit Freunden verbracht, der Tisch mit einer Kerze gedeckt oder Kuchen gegessen. Die Wiederholungen sind für die Kinder ein geliebter Rhythmus. Jede Familie kann entwickeln, was gut zu ihr passt. Ich kenne einige Familien, die am Sonntag eine Familienandacht halten oder am Samstagabend ein Kuschelfest feiern. Die Rituale sind im Erleben für die Kinder wie kleine Puzzlesteine. Die Rituale zum Gehen und Wiederkommen, zum Feiern und Abschiednehmen und die Nähe zu Gott prägen das Lebensgrundgefühl.

CHECKLISTE: GLÜCKLICHE KINDER ...

... sind selbstständig.

Wie selbstständig das Kind ist, wird oft deutlich, wenn es mit Niederlagen konfrontiert ist, sei es eine Mathearbeit oder ein Sturz von der Schaukel. Wer pragmatisch an eine Niederlage herangeht und sich nicht entmutigen lässt, wer sie nicht als Beweis seiner Unfähigkeit sieht, hat meist Erfolg. Wie wir helfen können: negative Sätze vermeiden, Positives betonen, Vorbild sein.

... brauchen sich nicht zu vergleichen.

Mit dem Vergleichen fangen meist die Eltern an. Wer auf andere schaut, wird zwangsläufig etwas entdecken, was er entbehrt. Unglückliche Menschen vergleichen sich besonders mit anderen – immer in der Angst, zu kurz zu kommen. Wie wir helfen können: Cool bleiben! Jedes Kind hat sein Tempo, seinen Weg.

... brauchen keine Schonung.

Nicht nur »Fun fun fun« macht glücklich. Es macht auch glücklich, sich anzustrengen und etwas geschafft zu haben. Wachstum zum Glück findet außerhalb der Komfortzone statt. Wer die Möglichkeit zum Verlieren vermeidet, kann nicht gewinnen. Wie wir helfen können: Spielen von Gesellschaftsspielen, Puzzeln, Wandern (ab drei Jahren sind kleine Strecken bis zu fünf Kilometern möglich), Sortieren von Stiften oder Legos – das sortiert auch das Hirn.

... bewegen sich.

Sitzen macht muffig, toben macht glücklich. Niedergeschlagenheit, Leeregefühl, Konzentrationsschwächen lassen sich durch Bewegung vertreiben. Rennen, klettern und springen setzt körpereigene Glücksboten frei. Wie wir helfen können: die Bildschirm-Zeit begrenzen (eine halbe Stunde pro Tag für 4- bis 6-Jährige, eine Stunde für Ältere). Das Fernsehen entleert den körpereigenen Speicher für das Wohlfühlhormon Endorphin. Die Wahrscheinlichkeit, den »Flow« der Glücksgefühle zu erleben, ist beim Lesen dreimal höher als beim Fernsehen.

... können sich vertiefen.

Sie spielen, bauen und vergessen dabei die Wirklichkeit. Diese Anstrengung, ein Puzzle zu schaffen oder eine Kette zu fädeln, ist ein Wundermittel: Jede konzentrierte Aktivität mobilisiert das körpereigene Glückshormon Serotonin. Langeweile ist kein Appell an die Eltern, schnell Programm zu bieten. Langeweile ist für Kreativität und Entwicklung ganz wichtig. Wie wir helfen können: nicht zu viele Spielsachen anbieten.

... packen an.

Kinder, die ab dem Kindergartenalter täglich eine Viertelstunde mit Hausarbeit verbringen, zeigen in unbequemen Situationen ihres Lebens mehr Durchhaltevermögen und behalten einen klaren Kopf. Es gibt einfach Dinge, die weniger Spaß machen und doch gemacht werden müssen. Wie wir helfen können: Wir bilden Abendbrotteams und decken in verschiedenen Zusammensetzungen den Tisch – auch mal ohne Erwachsene. Das Abreiben von Badezimmerfliesen oder Zimmertüren bringt den Körper insgesamt in Bewegung und tut gut. Feste Dienste und Wochenjobs helfen, Verantwortung zu übernehmen.

... können genießen.

Sie riechen, wie gut der Kuchen duftet, sie bewundern die Wolken, erleben den kalten Wind, naschen etwas Süßes, singen für Gott... Wie wir helfen können: jeden Tag die Glücksmomente herausfiltern, darüber sprechen und es sich gemütlich machen.

... haben Träume.

Sie werden Fußballprofi oder Prinzessin, sie wünschen sich ein Pony oder einen Radlader. Wie wir helfen können: die Kinder ermuntern, für das Leben zu träumen: Was möchtest du mal tun? Mal erleben? Dabei können wir in einer Mal- und Bastelstunde schon mit Vierjährigen ein Bild malen: Wie soll das nächste Fest werden? Der nächste Sonntag? Werbeblätter können zum Ausschneiden dienen. Je älter die Kinder werden, desto fiktiver dürfen die Träume werden: Wohin möchtest du reisen? Wie möchtest du leben?

!!!

- Und was hilft in traurigen Momenten? Lass das Kind eine Liste mit Dingen malen, die ihm guttun und es glücklich machen: Oma anrufen, Nutella naschen, mit Mama kuscheln, ein Buch lesen, Krach machen...

Nah-Bereich

KUSCHELZEIT

Als wir umzogen, war Tarik fünf Jahre alt. Er kam aus einem Kindergarten, in dem sehr auf Empathie und das respektvolle Umgehen miteinander geachtet wurde. Für ihn war dies ein guter Schutzraum gewesen. Gerade das Trösten nach Stürzen oder Misserfolgen war für Tarik lange sehr schwer. Durch das sensible Umgehen mit ihm hatte seine Bezugserzieherin es erreicht, dass sie ihn in den Arm nehmen durfte. Als Tarik seinen Kindergarten gewechselt hatte, stellte er schnell fest, dass die Regeln in der Gruppe nicht so waren wie vorher. Die Kinder achteten zum Beispiel nicht auf das »Stopp!« des anderen. Besonders beschäftigte ihn aber etwas anderes: Als die Leiterin nach einigen Wochen Tarik auf dem Flur traf, sprach sie ihn an, wie ihm der Kindergarten gefalle. Er erzählte, was er super fand und sagte der Leiterin: »Du musst mal deinen Erzieherinnen sagen, dass sie trösten üben müssen. Die fassen uns gar nicht an!« Die Leiterin zog die Augenbrauen hoch und antwortete ihm: »Du hast sehr recht! Das muss ich wohl noch mal besprechen. Jeder weiß, wie gut eine Berührung trösten kann!«

Die meisten Kinder sind glücklich, wenn sie kuscheln können. Die Bindungsforscher sind sich einig: Wenn Eltern achtsam auf das Nähe-Bedürfnis ihres Kindes eingehen, hat es beste Startchancen. Es kann später im Leben Stress besser verarbeiten und leichter Zuneigung geben. Was für ein erstaunliches Reaktionsmuster lässt sich da entdecken: Man nimmt das Kind in den Arm, und es kann später die Niederlage im Job besser wegstecken ...

Familien brauchen bewusste Kuschelzeiten. Dabei sendet die Haut Reize an das Gehirn. Dort entstehen Vernetzungen. Diese kleinen Straßen braucht das Kind immer wieder. Manche davon werden so oft genutzt, dass sie zu Autobahnen werden. Dann bestimmen diese Wege das Denken und Handeln, weil Denken gerne das tut, was es schon immer getan hat. Forscher sprechen inzwischen davon, dass der Tastsinn nicht nur taktile Reize von außen an das Gehirn weiterleitet, sondern auch der »affektiven Berührung« dient. Das heißt, er stimuliert über Haut-zu-Haut-Kontakt emotionale, hormonelle und andere Reaktionen im Körper.

In Zeiten, wo sich Kinder und Eltern körperlich nah sind, kann nichts anderes passieren, als dass Herzen sich nah kommen. Im Reiben und Kraulen, im Haare-Drehen oder Sommersprossen-Studieren geht es um das direkte Erspüren des anderen. Anstehende Aufgaben bleiben außen vor, wenn man sich aneinander kuschelt. Wer berührt, der gibt dem anderen etwas. Wer berührt wird, der nimmt vom anderen und gibt ihm durch positive Reaktion wieder etwas davon zurück. Berührungen sind ein Wechselspiel zwischen Geben und Nehmen. Körpernähe ist wohltuend, weil sie Körper und Seele anspricht.

Liebevolle Berührungen

Kinder brauchen die Berührung von uns, um sich als Person wahrzunehmen. Berührungen drücken also eine emotionale Verbindung zwischen uns aus. Eine Nähe, die grundlegend wichtig ist für die Eltern-Kind-Bindung. Sie macht auch im größten Getümmel die feste Basis unserer Reaktionsmuster aus.

Unser Sohn Tarik fühlt sich durch die Berührung von mir gesehen und hört dabei noch, wie sehr ich an ihn glaube. Die Berührungen, zusammen mit den Worten, geben ihm Sicherheit. Die Sicherheit als Teil der Reaktionsmuster, die er braucht, um mutig loszulaufen und Neues auszuprobieren ...

Gerade jüngere Kinder erleben Zeit als eine Größe zwischen Wiederkehrendem und Neuem. Etwas immer Wiederkehrendes wie tägliche Rituale und Abläufe geben Sicherheiten und helfen bei der Orientierung durch den Tag. Der wachsende Zeitdruck verlangt von den Kindern oft ein zu hohes Maß an Eile, viele zu verarbeitende Aufträge und Infos, Flexibilität und dabei auch die Fähigkeit, sich von Gewohntem zu trennen und auf Neues einzustellen. Dabei stelle ich mir allein die Situation vor, wenn eine Familie früh am Kindergarten sein muss, da beide Eltern pünktlich beim Job sein müssen. Der Raum für das kreative Entdecken oder das Vergessen der Zeit beim Regen-Betrachten ist hier nicht gegeben.

Die Folgen sind tiefer, als wir ahnen können. Schon Kindergartenkinder wünschen sich Tage ohne Erschöpfung, Unruhe, Unkonzentriertheit und ein mangelndes Vertrauen in sich und die Welt. Denn mutig sein und ausprobieren kann nur, wer in seinen Reaktionsmustern auch Stabilität und Ruhe erfährt.

Liebevolle Berührungen führen zu einer direkten Entspannung beim Berührten und zur Ausschüttung des Hormons Oxytocin. Das ist in unserem Reaktionspotpourri ein echter Joker: Es baut Stresshormone ab und entschlüsselt die großen Gefühle wie Liebe, Vertrauen und Ruhe. Das Gehirn interpretiert solche Berührungen als Zeichen der Verbundenheit. Dabei erleben wir eine Erleichterung von gedanklichen Sackgassen und lähmenden Reaktionsmustern. Die Zentren im Gehirn, die für Problemlösungen zuständig sind, entspannen sich unmittelbar nach der Berührung, denn der Körper interpretiert das Berührtwerden als Ermutigung: »Hey, ich sorge mich um Lösungen, ich helfe dir neue Muster zu finden.« Das Kind – oder auch der berührte Ehepartner – entspannt sich.

Auch die körperlich und seelisch heilende Wirkung von Berührungen, sei es nun Massage oder Kuscheln, ist wissenschaftlich längst erwiesen. Unabhängig vom jeweiligen Krankheitsbild entspannt die Berührung Körper und Seele. Sie reduziert Stress und Angst.

Seelen-Bauchweh

Es beginnt häufig mit einem einfachen Magen-Darm-Infekt. Die Erkrankung klingt nach ein paar Tagen zwar wieder ab, doch die Krämpfe und das Ziehen im Bauchraum haben bestimmte Nervenzellen sensibilisiert. Wachsam reagieren diese nun eher und stärker, auch wenn eigentlich kein Ungemach droht. Schon bei normalen Verdauungsvorgängen und Unregelmäßigkeiten hören manche Kinder dann aufmerksam in sich hinein, nehmen auch kleinste Reize als Druck oder Schmerz im Bauch wahr. Entscheidend für die Verarbeitung eines solchen Schmerzreizes sind besonders auch Gedanken und Gefühle: Wenn es etwa zum Streit mit der Kindergartenfreundin kommt, oder keiner Zeit zum Kuscheln hat. Die Anspannung der Seele wird zu einer körperlichen Reaktion. Je mehr das Kind sich hineinspürt in dieses Bauch-Gefühl, wird es ein Bauchweh-Gefühl. Also kann allein eine gedrückte Stimmung bewirken, dass es Krämpfe im Bauchraum bekommt oder ihm übel wird.

Kinder reagieren sehr verschieden auf innere Spannung: Manche haben viele Infekte, andere Hautreaktionen oder häufiger Fieber. Manche Kinder drücken mit ihrem Körper aus, was in ihnen vorgeht. Das Gefüge von Schmerz und Sorge nennt man eine psychosoziale Ursache. Dieses Wort klang in meinen Ohren wie eine drohende Kapitulation als Mutter: Bin ich nicht fähig, für ihn zu sorgen? Bis heute ist es für mich ein Übungsfeld: Wir als Eltern sehen uns diese Reaktionsmuster unseres Kindes an und versuchen zu erspüren, ob es ausreichend Ruheräume und auch Kuschelzeiten bekommt.

Und ich habe gelernt, dass unser Sohn etwas anderes braucht, als meine typische Reaktion auf sein Muster: Ich reagiere auf seine Beschwerden mit viel Aufmerksamkeit und umsorge ihn. Er lernt dadurch: Ich bekomme richtig viel Mama und Kuschelzeiten, wenn es mir nicht gut geht. So entsteht ein ungutes Muster. Deshalb muss ich ihn aktiv sein lassen, darf ihn nicht aus dem normalen Alltag herausnehmen. Ihm Nähe und Zuwendung zu geben, ist und bleibt mein Job an jedem Tag – nicht nur, wenn es ihm schlecht geht.

Die Reaktionsmuster, die unser Körper anwendet, sind von Gott so intelligent programmiert, dass sie *für* uns sind. Sie warnen uns vor größeren Schäden. Wenn unser Sohn zu wenig getrunken oder geschlafen hat oder keine Zeit zum Entspannen bleibt, ist er nicht nur zappelig, sondern auch kränklich und klagt über Kopfweh. Eine Warnung des Körpers, dass diese Mischung an Anregung und Entspannung nicht ausgewogen war.

Wir erleben unsere Kuschelzeiten bis heute mit den großen Kindern und jungen Erwachsenen als Hilfs- und Heilmittel. Sie anzuwenden ist lernbar. Die Auswirkungen auf festgefahrene Reaktionsmuster sind enorm: bei Eltern und bei Kindern.

Verschiedene Kuschler

Dabei ist spannend zu erleben, wie wir Berührung mögen. Was uns dabei in Geborgenheit wiegen lässt oder eher auf den Rückzug schickt. Unsere drei Kinder sind verschiedene Kuschler. Sie mögen Rücken krabbeln oder Haare wuscheln, eincremen oder fest in den Arm genommen werden. Es gibt immer wieder die nötige Distanz, aber auch ein kuscheliges Verknoten von Armen und Beinen auf dem Familiensofa, das Spazierengehen mit Händchenhalten und eine Umarmung, einfach weil einer im Weg steht.

Unsere Tochter Rieka ist eine Nicht-Kuschel-Frau. Bis heute umarme ich sie daher oft virtuell, in der Luft oder per WhatsApp. Wenn aber der Lebensfrust oder die Freude zu groß werden, dann liebt sie es, ganz fest gedrückt zu werden, sodass ich nach Luft schnappe. Als sie fünf Jahre alt war, haben wir bei ihrem Ergotherapeuten darüber gesprochen, wie wir ihr Zuneigung zeigen können. Denn alle sanften Berührungen taten ihr »weh«. Eincremen, kämmen, streicheln und kitzeln: Alles tat ihr weh. Der Therapeut gab uns den Tipp, sie unter eine Isomatte zu legen und uns darauf zu wuchten. Nach dem nächsten sehr unausgeglichenen Tag fragte ich sie, ob wir einen Test machen wollen: eine Rieka-Umarmung ohne Anfassen. Sie hat schon gestrahlt, bevor es losging. Endlich fühlte sie sich verstanden. Rieka fand es grandios unter der Matte. Ich selbst fühlte mich schrecklich. Wir haben uns dann nach einigen anderen Tests auf festes Massieren geeinigt.

???

- Wie kann ich mit meinem Kind in Berührung kommen?
- Was tut mir an körperlicher Nähe gut? Was meinem Kind/ meinen Kindern?

GOLDNUGGETS

Niklas schwärmt: »Wir machen in jedem Urlaub nach der
Nachtfahrt an der ersten Bäckerei in Frankreich halt.
Das ganze Auto duftet dann nach Baguettes und Croissants!
Da beginnt für mich Urlaub. Seit ich klein bin, machen wir das,
und das erinnert mich an Familie!«

Familienleben ist richtig toll. Damit der Berg an unerledigten
Schriftstücken und die unaufgeräumten Kellerregale uns diese Erkenntnis nicht zerstören, ist es wichtig, immer wieder Goldnuggets
im Fluss des Alltags zu suchen. Wir machen mehrmals im Jahr
mit den Kindern eine Wunschliste. Wir sammeln unsere Wünsche
für gemeinsame Aktionen und Unternehmungen. Dabei haben
alle die gleichen Rechte, damit der Vorschlag der kulturliebenden
Eltern auch eine Chance hat, abgelehnt zu werden. Diese Ideen sind
Ausdruck dafür, was wir miteinander erleben möchten. Allein das
Gespräch über ein Picknick am Rhein wertet alte Erfahrungen aus
und aktiviert Erinnerungen.

Wir erleben auch Familien um uns, die wenig gemeinsam unternehmen. Aber für uns gehört es zum gesunden Aufwachsen dazu,
das Leben bewusst zu feiern, zu entdecken und zu genießen. Es gibt
so viele Möglichkeiten, glückliche Momente zu erleben! Uns ist es
wichtig, weil diese gemeinsamen Unternehmungen den Kindern
ganz grundlegende Erfahrungen ermöglichen: Sie riechen den Geruch des Pferdes, sie fühlen den Wind am See, sie hören Papa sum-
men. Das direkte Erleben ist notwendig für die Seele und für die
Vernetzung des Gehirns. Das kann nicht durch einen Film über
Pferde ersetzt werden. Außerdem: Diese Erfahrungen als Familie

zu machen, stärkt die Bindung untereinander. Im gemeinsamen Erleben kommen wir uns nah. Einfach so – beim Staunen über Wolkenformationen oder dem gemeinsamen Genießen eines Salamibrotes.

Wir sammeln also regelmäßig Wünsche, was wir miteinander erleben wollen. Dabei geht es uns darum, bewusst eine Zeit in den Alltag einzuplanen, wo Familie Spaß macht. Familie ist so oft von Organisation und Absprachen geprägt, dass es regelmäßig nötig ist, gemeinsam Schönes zu erleben. Diese goldenen Zeiten sind Futter für die Erinnerungsseele – sowohl für Eltern als auch für Kinder.

Fehlende Nähe

Als unsere Kinder alle in der Schule und zwischen sechs und elf Jahre alt waren, hatten wir einmal eine ungemütliche Familienatmosphäre. Die Kinder haben sich viel mit Freunden verabredet und waren häufig unterwegs. Abends arbeitete mein Mann und oft endete es damit, dass wir das Abendbrot vor dem Fernseher aßen. Der Ton untereinander wurde rauer. Innige Momente wurden rar. Ich seufzte, schimpfte und nörgelte. Die Kinder seufzten, schimpften und nörgelten zurück. Mein Mann schwieg oder polterte, wenn es ihm zu wild wurde.

Ich sehnte unsere täglichen Spaziergänge mit den Kleinkindern herbei. Die Zeit, in der schon ein Stein ein Goldstück sein kann. Ich vermisste das Gefühl, den Kindern ganz nah zu sein. In einem Streit fiel ein Satz, der mich zu einer hilfreichen Erkenntnis führte. »Wir machen gar nichts mehr zusammen. Wir sind gar keine Familie mehr«, sagte eins der Kinder. Als wir alle am Tisch versammelt waren, wurden endlich mal wieder unsere Ideen ausgetauscht. Unsere Kinder vermissten die Feste mit Freunden, die früher unsere Sonntage bunt gemacht hatten. Und wir vermissten unsere Kinder, die sich auch sonntags mit Freunden verabredeten und oft gar nicht zu Hause waren. Und ich war unglücklich über den Fernseher, der sich als Mittelpunkt unseres Miteinanders entwickelt hatte.

Wir lernten uns bewusst neu kennen und stellten uns die Frage: Was mögen wir? Wir lieben es, Feste zu feiern, ins Lagerfeuer zu sehen, mit dem Rad unterwegs zu sein, über einen Wochenmarkt zu bummeln oder ein Picknick zu machen. Wir gammeln im Schlafanzug auf der Couch und schauen einen Film. Wir kochen gerne zusammen. Wir hören Hörbücher bei langen Autofahrten und lesen in jeden Ferien ein Buch gemeinsam. Wir lieben den Geruch von frisch gebackenen Quarkbrötchen und essen am Sonntagabend gern Buchstabensuppe. Wir feiern den Ferienanfang und auch das Ende. Wir laden oft viele Menschen zu uns ein. Das ist alles nichts Besonderes. Aber zu uns passt es, um uns zum Strahlen zu bringen. Wenn die Kinder sagen: »Ich liebe das!«, weiß ich: Hier sind wir auf einen wertvollen Goldnugget gestoßen.

Die Herausforderung, sich aufzuraffen ist begleitet von der Gefahr, dem Alltag nachzugeben. Nicht selten haben unsere Kinder dann doch keine Lust mehr auf den Besuch der mittelalterlichen Stadt. Oder ich hatte das Gefühl, noch zu viel im Haushalt tun zu müssen. Wenn wir dann aber gestartet sind, war schnell klar: Das ist jetzt gut für uns. Auch hier stelle ich mir die Frage: »Was lernt unser Kind für sein Leben?« Wenn wir zusammen eine Idee entwickeln und jedes Mal wegen aktueller Unlust absagen, lernt es, Unverbindlichkeit als normal zu empfinden. Also raffe ich mich auf, um ein Vorbild zu sein. Und oft bin ich die Beschenkte. Der Weg zum Goldnugget ist beschwerlich. Aber er lohnt sich.

- Welche Dinge machen uns als Familie Spaß?
- Wie können wir sie passend zu uns neu beleben?
- Was gehört in einen goldigen Sommer? Zu einem gelungenen Advent?
- Wie leben wir mit Freunden?
- Gibt es Rituale für unseren Sonntag?
- Was könnten wir für eine Motto-Party feiern – einfach mal so?

!!!

- Um die Wunschliste der Familienaktionen zu erstellen, können Kindergartenkinder Bilder malen oder aus Zeitschriften oder Katalogen ausschneiden und aufkleben. Grundschüler können aufschreiben, was sie gern unternehmen würden. Wir haben die Listen sichtbar in der Küche aufgehängt.

JESUSFOLGER

»Ich glaube, ich habe in der christlichen Erziehung unserer Kinder ziemlich versagt«, grübelt Sandra laut. »Die Kinder gehen zum Kindergottesdienst mit, aber sonst ... Wie geht so was – christlich erziehen?«

Eltern, die eine Verbindung zu Jesus Christus leben, wollen ihre Kinder gern von diesen Grundwerten überzeugen. Ich bin so ein Mensch. Ich versuche, in meinem Leben den heute noch prägenden und lebendigen Jesus vorkommen zu lassen. Das gilt auch für die Erziehung unserer Kinder. Erziehung hat als Teil einer Kultur immer einen weltanschaulichen Hintergrund, und so ist klar, dass es keine wertneutrale Erziehung gibt. Grundlage der christlichen Erziehung sind das biblische Menschenbild und die Vorschläge für das Leben, die Gott in der Bibel deutlich macht.

Christliche Erziehung hat immer den ganzen Menschen im Blick. Es gibt keinen Bereich des Lebens, der nicht von Gottes Gegenwart geprägt ist. Gott ist inmitten meiner Wäscheberge, der Elternbriefe und der kaputten Fahrräder. Dafür ist keine besonders fromme Haltung nötig. Und auch kein Stundengebet – auch wenn es guttun kann. Gott *ist* und ich darf das genießen. Gott *wird* in mir auch immer wieder Neues anstoßen und ich darf staunen. Gott *bleibt*, und ich darf mich daran festhalten.

Für jeden Menschen, der Gott als Schöpfer und Herrn dieser Welt ernst nimmt, wird es zu einer logischen Schlussfolgerung, auch in grundsätzlichen Lebensbereichen Gottes Eingreifen zu erbitten und sich nach der Nähe zu ihm auszustrecken. Ohne überfrommen Druck und ohne Anstrengungen, die uns verbiegen wollen. Ich *bin* mit Jesus verbunden, *werde* meine Alltagsthemen von ihm begleitet wissen und *bleibe* eine Jesusfolgerin. Für mich ist das ein Fundus an Gutem, den ich nutzen kann: Durch Gottes umfassende Angebote der Liebe und Rettung können wir unsere Kinder ermutigen, das zu werden, was Gott in ihnen sieht: ein Juwel (»Weil du in meinen Augen kostbar bist und wertvoll und weil ich dich liebe ...«, Jesaja 43,4).

Gottes Liebe leben

Es gibt in frommen Kreisen oft noch den Satz: »Wer sein Kind liebt, der züchtigt es.« Dieses Zitat wird oft als Begründung für körperliche Gewalt genutzt. Aber Jesus bezeichnet neben der Liebe zu Gott die Liebe zum Nächsten als das wichtigste Gebot (Markus 12,29-31). Wie soll das vereinbar sein mit körperlichen Strafen? Denn körperliche und auch seelische Strafen sind immer mit seelischen Folgen für ein Kind verbunden. Daher reicht es aus, wenn wir als Eltern üben, klar zu sein. Ein Kind seelisch oder körperlich einzuschüchtern, ist eine sehr schlechte Wahl mit erschütternden Folgen.

Die Ursprungsbedeutung von Erziehung ist nicht »Zucht« im Sinne von körperlicher Strafe. Der Begriff »Unterweisung« wird in den jüdischen Schriften oft in der Bedeutung von »Erziehen« verwendet. Eltern sollen Kinder unterweisen oder zumindest veranlassen, dass sie alles Wesentliche lernen, was sie brauchen. Eine Grundlage, die lebensfähig macht, nennt Jesus: »Du sollst den Herrn, deinen Gott, von ganzem Herzen, von ganzer Seele, mit all deinen Gedanken und all deiner Kraft lieben« (Markus 12,30). Dabei ist wichtig, dass wir als Eltern biblische Grundhaltungen nicht nur kennen, sondern auch leben. Kann mein Kind an meiner guten Fürsorge erkennen, dass Gott voller Liebe an uns denkt? Kann das Kind an meinem ehrlichen Umgang mit Geld, Menschen, Gefühlen erkennen, was ein christliches Miteinander ist? Nicht selten sind diese Lektionen für mich als Erwachsene sehr schwer umzusetzen: ehrlich sein am Telefon oder freundlich beim Autofahren. Ein gutes Vorbild zu sein, ist herausfordernd. Viel leichter wäre es, den Kindern Strafpredigten zu halten oder Druck auszuüben.

Wir haben als Familie oft Gäste. Einmal haben wir vier Wochen lang einer Familie zwei Zimmer und ein Bad in unserem Haus zur Verfügung gestellt. Das war für unsere Kinder zuerst ein Grund zum Meckern. Ihre Bequemlichkeit wurde empfindlich gestört. Die Gastfamilie brachte zwei Vorschulkinder mit, und wir haben unsere älteren Kinder gebeten, bezüglich ihres Fernsehkonsums Rücksicht zu nehmen. Das Zähneknirschen war fast in Konzertlautstärke zu hören. Daraufhin hat Henrik ihnen in wenigen Worten die Grundhaltung von Gastfreundschaft skizziert. Er schloss mit den Worten: »Wenn wir Gott etwas geben, beschenkt er uns zurück.« Natürlich war in diesem Moment keine Herzensbegeisterung zu spüren, sondern eher ein inneres Schnauben: »Danke, Gott! Wegen dir haben wir nun vier Leute mehr im Haus!« Am Ende der vier Wochen feierten wir ein Abschlussfest. Alle stellten fest, wie gut diese Zeit gewesen war und wie sehr wir die große Essenstafel vermissen würden. Wir waren Beschenkte – eindeutig!

TEMPOBREMSER

Rieka ist eine super Beterin. Jeden Abend hat sie als Dreijährige gebetet: »Heute war ein toller Tag. Gott, du weißt schon...«
Ein geniales Gebet – und eine kleine, entspannte Person, die Gott nichts aufzählen will, sondern ihm alle Erfahrungen und Ereignisse einfach zurückgibt.

Beim Beten mit unseren Kindern haben wir uns manchmal gefragt: Wie können wir das Handwerk unseres Glaubens locker vermitteln? Ohne Lehrstunde und ohne Gähnen? Wir haben uns dem Beten mit Ritualen genähert. Zum Beispiel bei dem Zu-Bett-Geh-Ritual. Neben einem Buch und Zeit zum Kuscheln haben wir einen Tagesrückblick gemacht. Was war nicht so schön? Was war richtig gut heute? Ich habe das, was die Kinder sagten, zu einem Gebet zusammengefasst. Ich erlebe dieses Sammeln und Betrachten des Tages als eine gute Art, unser Tempo zu drosseln und zur Ruhe zu kommen.

Wir segnen unsere Kinder mehrmals am Tag. In unserem Tagesablauf gibt es Möglichkeiten, um das Tempo bewusst zu reduzieren und mit Gott durchzuatmen. Vor dem Kindergarten oder der Schule ist unser Klassiker. Egal wie hektisch und mürrisch der Morgen war – wir lassen unser Tempo los und halten uns kurz Gott hin. Auch bei einem Streit oder beim Sorgen um jemanden, beim emotionalen Totalausfall bei den Hausaufgaben oder einem Fahrradsturz – wir üben es, bei Gott anzukommen.

Ich verliere oder vergesse häufig meine Schlüssel. Schon mit fast drei Jahren haben mich meine Kinder beim Weggehen erinnert: »Schlüssel, Mama?« Wenn ich dann verzweifelt suche und Jesus um Hilfe bitte, weil mein Termin näher rückt, haben mich meine Kinder schon oft beim Suchen betend unterstützt. Wenn ich ihn endlich habe und sage: »Ich will noch kurz beten und Jesus Danke sagen«, antworten sie: »Haben wir schon – wir können los!«

Kinder haben den Glauben, auch im Juli für Schnee zu beten. Sie erinnern uns in dieser Kühnheit daran, dass Gott dem kindlichen und unverschämten Glauben die Türen öffnet. Kinder fordern heraus, den persönlichen Glauben ernst zu nehmen, ihn nicht abzumildern. Das kann Kraft kosten. Es bedeutet für mich, dass ich auch dort mein Seelen-Tempo bremse. Was denke ich denn, was ich alles verstanden und erfasst habe? Lässt sich Gott nicht täglich neu entdecken? Wenn das Kind lernt, dass Jesus Kranke gesund macht und die Bibel heute noch für uns gilt, wird es unerschrocken für die Heilung eines Blinden oder eines Gehbehinderten bitten. Ich bin dann in der Versuchung, Gott erklären zu wollen und meinem Kind zu beschreiben, wieso bestimmte Krankheitsbilder ab heute von der Heilung ausgenommen sind. Ich habe lernen müssen, die Spannungen auszuhalten und mitzubeten – wenn auch viel zaghafter und prüfender. Ich gehe den Weg mit und lerne viel dabei.

!!!

- Als Hilfe kann man sich drei Karten basteln: Auf die erste kommt ein lachendes Gesicht (als Zeichen für Dank), auf die zweite ein Herz (steht für die Bitte) und auf die dritte ein Männchen (andere Menschen – Fürbitte).

???

- Welche Gebete kenne ich?
- Wie beten andere Familien?
- Wie können wir das Gebet in unseren Tagesablauf einbauen?

LIEBHABER

»Ich war viel allein«, erzählt Sabine. »Obwohl meine Eltern Christen waren, haben sie mir immer eher die Negativseiten meiner Freunde aufgezeigt. Oft kam der Satz: ›Siehst du, die meint es gar nicht ehrlich mit dir.‹ Ich hatte nie Spaß daran, Freunde zu mir nach Hause einzuladen und hatte immer das Gefühl, wir machen zu viel Arbeit. Ich merke, noch heute bin ich unsicher, was Freundschaften angeht.«

»Ich hatte eine herrliche Kindheit«, erinnert sich Helga. »Bei uns war immer was los. Wir durften alles spielen und alles benutzen: Wir verkleideten uns, bauten Höhlen und waren sehr versunken in unsere Spielwelten. Meine Mutter hat dann immer für eine gemütliche Stimmung gesorgt und uns mit

Essen und Trinken versorgt. Ich hatte viele Freunde und wir hatten viel Spaß.«

»Liebe deinen Nächsten« – dieses Gebot beinhaltet nicht nur, dass wir unsere Kinder lieben, sondern auch, dass wir unsere Kinder zu Beziehungen fähig machen. Kinder brauchen Unterstützung darin, Freunde zu werden: Sie müssen lernen zu teilen, sich für den anderen einzusetzen, zu verzichten und sich in die Gefühle des anderen hineinzuversetzen. Das kann mit Kleinigkeiten beginnen: Ein Gast darf sich bei uns zuerst einen Keks nehmen. Und er wird nach seinem Besuch höflich verabschiedet. Solche Formen, die den gegenseitigen Respekt einüben, können schon für Kinder ab zwei Jahren eingeführt werden. Ab etwa diesem Alter können die Kinder von ihrer Entwicklung her spüren, dass nicht nur sie der Mittelpunkt der Welt sind, sondern auch andere Kinder zum Beispiel das Buch gerne ansehen möchten. Worte wie »abwechseln« und »tauschen« wurden bei uns in dieser Zeit sehr oft genutzt!

Kindern hilft es, wenn sie lernen, dass ihr Verhalten Auswirkungen auf das Leben der anderen hat. Beim Telefonieren nicht so laut zu reden, beim Rutschen nicht zu drängeln oder beim Basteln nicht allein das Glitzerpulver aufzubrauchen – all das sind wichtige Lernfelder, um ein Nächsten-Liebhaber zu werden.

Manchmal ist es nötig, mit den Kindern auch über die Familienatmosphäre zu sprechen. Wenn Kinder viel weinen oder schimpfen, hilft es deutlich zu machen, dass ein liebevolles Miteinander anders aussieht. Viel besser kommen wir klar, wenn wir ruhig miteinander sprechen und auch ruhig unsere Bitte vortragen. So geht es der ganzen Familie besser. Auch das ist eine Bedeutung von »Liebe deinen Nächsten!«

Liebe dich selbst!

Unsere Aufgabe als Eltern ist es auch, Selbstannahme und Selbstliebe in einem gesunden Maß in unserem Kind wachsen zu lassen. Die Einzigartigkeit, die Gott in den Menschen hineingelegt hat, ist Ausgangspunkt für diesen Teil der christlichen Erziehung. Jeder wäre gerne der Beste, hübscher oder beliebter als andere – das fängt schon im Kindesalter an. Gottes Liebe setzt diese Messlatten außer Kraft. Das wird wiederholt Arbeit für uns sein: Auf die Einzigartigkeit der Geschöpfe Gottes hinzuweisen, wenn sich unser Kind hervorheben will oder wenn es sich selbst schlecht macht.

Eltern können darauf achten, indem sie Vergleiche meiden. Denn durch Vergleiche mit anderen kann ein Dorn gezüchtet werden, der starke Verletzungen schafft. Genauso kann sich die Arbeit am Gleichgewicht zwischen normalem und übersteigertem Ehrgeiz als Herausforderung entwickeln. Es gibt Kids, die von sich aus auf ihre Leistung und die des anderen achten, um so ihren Wert zu erfahren. Eine christliche Erziehung sollte immer wieder darauf hinweisen, dass bei Gott nicht der Sieg, die Leistung, das Besser-Sein wichtig sind, sondern dass wir von Gott uneingeschränkt geliebt werden, weil wir seine Kinder sind. Wenn ihm etwas wichtig ist, dann nicht unsere Leistung, sondern unsere Herzenshaltung und unsere Gedanken.

Dem Kind das Gefühl von Anerkennung und Bestätigung zu geben, ist das Wichtigste für das Selbstwertgefühl. Lobe dein Kind für die Dinge, die es schon beherrscht, aber auch für die Dinge, die es probiert. Du kannst auch deutlich machen, ob es noch Ausdauer braucht, um ein Ziel zu erreichen. Anerkennung meint: Das Kind mit seinem ganzen Dasein zu lieben – unabhängig von Leistung. Das ist eine Aufgabe, die mit zunehmendem Alter herausfordernder wird. Jede Mutter weiß, wie schwer es ist, wenn ein Kind lügt, diese Tat von der geliebten Person zu trennen. Oder: Du hast als Mutter einige Regeln aufgestellt und musst Konsequenzen umsetzen, weil dein Kind zum Beispiel nie die Zähne putzt. Natürlich ist die Auseinandersetzung nervenzehrend und verlangt doch von uns, das Kind bedingungslos zu lieben, obwohl wir »Bedingungen« stellen. Ein Spagat!

! ! !
Merkpunkte für Vater und Mutter:

- Nimm dir Zeit für dein Kind!
- Übe das Loben!
- Bringe den Mut für ehrliche Auseinandersetzungen auf!
- Suche ruhige Zeitpunkte zum Kuscheln, Reden und Toben!
- Suche Kontakt zu deinem Kind, sei informiert über das, was es mag und gern tut!
- Mit all dem trägst du dazu bei, dass dein Kind sich selbst lieben kann.

KRAFT-VERSTÄRKER

Luisa war als Baby fröhlich und entdeckerfreudig. Sie suchte sich Kletterkissen und höhere Herausforderungen. Immer wieder wurde sie dabei vom Seufzen der Mutter begleitet, bis hin zum Wegnehmen und Verbieten der Abenteuer. Ihre Mama hat nicht nur Luisas Abenteuerlust unterbunden, sondern das Ganze mit Kommentaren versehen: »Was Luisa anfängt, geht schief. Ich weiß mir nicht mehr zu helfen.« Als Luisa dann als Kindergartenkind Memory spielen will, gibt sie ganz schnell auf. »Kann nicht!«, ist ihr Dauersatz in allen möglichen Lebenssituationen. Sie traut sich nicht zu, eine Bastelschere zu halten, allein auf einen Geburtstag zu gehen oder ein Pferd zu streicheln. Probiert sie etwas aus und es gelingt nicht, dann setzt der große Verstärker ein: Mama schüttelt seufzend den Kopf und breitet liebevoll tröstend die Arme für das Unglückskind aus. Die arme Luisa ...

Eltern sind wichtig für das Kennenlernen des eigenen Ichs. Ihre Einstellung zu Mut, Sorge, Angst und Versöhnung prägt das Kind – allein schon durch Reaktionen, auch ohne Worte. Wenn ein Krabbelkönig das Zimmer entdeckt und sich an einer Tischkante den Kopf stößt, lernt er an der Reaktion der Mutter, wie diese Erfahrung einzuschätzen ist: Lächelt diese weiter, ist er entspannter, als wenn die Mutter zusammenzuckt und seufzt. Und Luisa? Bei der anscheinend alles schiefgeht? Sie lernt: Meine Mama muss mich trösten. Ich kann nicht toben, basteln oder allein sein. Wie viel mehr würde es doch bringen, wenn Mama sagt: »Hey, probiere es noch mal. Ich weiß, du schaffst es irgendwann.« Das wäre ein echter Kraft-Verstärker. Aber Luisas Mutter hat eher die Zweifel verstärkt.

Mirjam ist eine tolle Kraft-Verstärkerin für ihre Tochter. Von ihr habe ich gelernt, dem Kind zu helfen, **sich** zu fühlen. Und nicht ihm beizubringen, **seine Mutter** zu fühlen. Mirjam hat ihre Tochter, seit sie zwölf Monate alt war, gefragt: »Darf ich dir helfen?« Oder: »Wie möchtest du es machen?« Nach Misserfolgen wurde nicht getröstet (ja, das klingt hart), sondern gefragt: »Was kannst du nun tun?« Ein verlorenes Spiel wurde nicht zu einem Beinahe-Trauma erhoben, und ein Fahrradsturz brauchte keinen Unfallbericht. So ist das Leben nun mal. Mirjam hat immer wieder ausgestrahlt: »Du darfst verschnaufen, weinen, schreien und Pause machen. Und dann geht's weiter!« Mirjam ist eine Kraft-Verstärkerin, eine Dauer-Ermutigerin. Es gibt auch Verstärker, die ständig über ihr Kind sagen: »Er ist ängstlich.« »Sie ist so sensibel.« »Er ist schüchtern.« Und dann haben diese Eltern viel Arbeit damit, ihre Verstärkungen mit vielen Worten wieder aufzufangen.

Ich möchte eine Kraft-Verstärkerin wie Mirjam sein. Eine Verstärkerin, die Mut greifbar macht. Manchmal habe ich eine Idee, wie sich mein Kind fühlt und verstärke diese Idee mit Gesten, Reaktionen und Fragen. So wie es oft Eltern tun, die ahnen, dass ihr Kind müde ist. Nicht immer stimmt diese Idee. Sein Kind genau zu spüren und mehr und mehr selbst ausdrücken zu lassen, was los ist, hilft, das wirkliche Thema zu treffen und zu verstärken. Ich wünsche mir, dass unsere Kinder ihre Kraft spüren und kennenlernen und wir sie als Eltern verstärken können.

???

- In welchen Situationen stehe ich in der Gefahr, mein Kind zu entmutigen?
- »Denk nach!« verstärkt, »Das geht doch schief!« auch. Wie kann ich diese Sätze durch Ermutigungen ersetzen?

!!!

- Weniger Worte können Kraft-verstärkend wirken – gerade bei sehr oft weinenden und verstimmten Kindern.
- Mehr Worte können Kraft-verstärkend wirken – gerade bei tobenden und körperbetonten Kindern.

SCHATZHÜTER

Rieka (3 1/2) weint. Sie ist im Spielhäuschen herumgewirbelt und hat sich am Kopf gestoßen. Ich höre sie und atme entnervt aus. Ich kann nicht mal ohne Unterbrechung eine Waschmaschine füllen. Da steht sie schon an der Terrassentür und hält mit ihren sandigen Fingern ihren Kopf. Das Weinen wird lauter. Ich nehme sie in den Arm. »Kühli?«, fragt sie. Während ich nicke und an die Waschmaschine denke, bohrt sich der gekühlte Kopf meiner Entdecker-Tochter in meinen Bauch. Sie hält sich an mir fest. Selten tut sie das. In diesem Moment macht es »klick«. Ich sauge den Geruch meines Kindes auf, summe ein bisschen und reibe ihren Rücken. Ich genieße es, ihre Mommy zu sein, sie zu wiegen und tröstende Worte zu flüstern. Nur kurz ist der kostbare Moment und sie beschließt: »Besser! Ich geh wieder raus!« Ich stehe noch an der Terrassentür und sehe ihr nach. Meine kleine Tochter – was für ein Vorrecht, sie zu trösten ...

Als Mutter und Vater dürfen wir einen wundervollen Schatz hüten: Wir begleiten unsere Kinder. Wir sammeln dabei zusammen Erfahrungen auf einem Weg, den wir vorher noch nicht kannten. Wir konnten nicht ahnen, was uns fordert und was uns formt, wo wir Hilfe brauchen und wo wir Stärken entwickeln.

Je länger der gemeinsame Weg ist, desto mehr dürfen wir staunen, was aus dem Gedanken Gottes schon zu einer eigenen Persönlichkeit gereift ist. Wir dürfen »Schätze« auf unserem gemeinsamen Weg begleiten und unsere gemeinsame Geschichte hüten. Unser Kind ist ein Schatz, weil es einen reichen Quell an schönen

Momenten mitbringt, in denen mein Herz zu klopfen beginnt und ich fast schmelze durch einen Blick oder die kleine klebrige Hand auf meinem Gesicht.

Wir sind deshalb Schatzhüter, weil zwischen uns in der Familie unsagbar Wertvolles geschieht. Etwas, das nicht zu wiederholen ist und sehr einzigartig ist. Wie wir als Familie aufstehen, wie unser Ablauf bis zur Kita oder Schule ist, mag ähnlich sein und doch so großartig individuell. Wie wir als Familie einkaufen, aufräumen oder essen – es sind Kennzeichen unseres Schatzes. Kennzeichen, was uns miteinander verbindet.

Im Schatz unseres Familien-»Wir« reifen die verschiedenen Persönlichkeiten. Unser »Wir« schafft einen schützenden Raum für das »Ich«. Mich haut diese Erkenntnis immer wieder um: Ich darf einen Menschen ins Leben begleiten. Ich darf ihm Nähe und Klarheit anbieten, Reibungsfläche zur Verfügung stellen und meine Sicht von Gott, den Menschen und der Welt vermitteln.

Es ist leicht, dabei den alten Zeiten – und natürlich echt guten Zeiten – hinterherzuweinen. Und es fällt vielleicht schwer, den Blick auf das Kind zu richten, wie es heute ist. Was es heute braucht. Wohin es heute gehen möchte. Welche Fragen heute wichtig und unwichtig sind – ohne es zu bewerten und zu belächeln. Wenn wir dem Kind unseren Schatz an Verbindungen im »Wir« anbieten, helfen wir ihm, Möglichkeiten einschätzen zu lernen, selbst zu entscheiden und sich kennenzulernen. Dabei müssen wir als Eltern nichts an Förderprogrammen abfrühstücken oder viele Termine absolvieren: Wir leben zusammen. Das stärkt, fordert, beglückt und lässt das »Ich« reifen.

Den Schatz pflegen

Je größer ein Kind wird, umso mehr wird es den Familienschatz in sich sichern. Vielleicht wird es ihn gar nicht mehr sichtbar nutzen. Denn nach den formenden und nahen ersten sechs Jahren werden im Schulalter die Beziehungen außerhalb der Familie immer wichtiger. Das Kind wird den Wert des Schatzes und die Momente des Gemeinsamen nicht immer gleich erfassen und würdigen können. Aber allein das unschätzbare Gefühl: »Ihr glaubt an mich! Ihr seid da!« bleibt und ist ein wertvolles Startkapital ins Leben.

Die Verbindung zum Kind wird mit zunehmendem Alter genährt durch das Interesse der Eltern an seinem Leben: Welche Menschen findet das Kind faszinierend, welche erschreckend? Welche Berufe locken? Welche Frisuren werden bewundert? Um unseren Schatz weiter zu pflegen, muss ich genau hinhören.

Ein Vater kam nach einem Erziehungsvortrag auf mich zu, um mir erschöpft und erzürnt von seinen undankbaren Kindern zu berichten, die den Schatz der Familie mit Füßen treten. Die alles ablehnen, was er einbringt. Im Gespräch hörte ich heraus, dass die Kindergartenzeit noch so wundervoll gewesen war: Alles, was er vorschlug, wurde gemacht und anerkannt. Doch schon in der Grundschule wurde es schwierig, weil die Kinder eigene Gedanken äußern wollten und Reibung suchten. Ich habe versucht, ihm den Wert des Schatzes der Kleinkindzeit vor Augen zu malen. Habe versucht, ihm zu vermitteln, dass eine Pflege des Miteinanders auch jetzt noch möglich ist. Der Vater schüttelte nur den Kopf: »Das glaube ich nicht. Sie kennen meine Kinder nicht!« Tieftraurig ging er davon.

Die Pflege des Schatzes hat viel mit der Bereitschaft zum Austausch zu tun. Ich möchte üben, mich in den kostbaren Momenten zur Verfügung zu stellen, in denen mein Kind reden möchte. Ich möchte üben, es nicht durch zu viele Kommentare zu bremsen oder zu belehren. Alles, was im Kind ist, ist es wert, gehört zu werden. Ich möchte Zeit haben für einen tiefen oder auch einen kurzen Blick in die Schatzkammer der Familie, wo sich Eltern und Kind versichern, dass der Reichtum unseres Miteinanders ausreicht. Wir sind verbunden für immer. Im Kindergarten habe ich bei der morgendlichen Verabschiedung auf den Schatz zurückgegriffen und den Kindern gesagt: »Ich hole dich ab. Und wenn ein Notfall ist, holt dich jemand ab, den du gut kennst. Du kannst dich darauf verlassen. Stimmt's?« Das Erinnern an die vielen Situationen, in denen sie von mir oder meinem Mann bei Freunden oder Verwandten verlässlich abgeholt wurden, hat sie gestärkt, auch in diesen neuen Herausforderungen zu vertrauen.

Kraftquelle

Das Leben mit Kindern ist eine kostbare, kreative und spannende Wegstrecke. Nichts darf den Schatz der gemeinsamen Erfahrungen und der Liebe zueinander abwerten: keine Fachbücher, keine Kommentare von Verwandten oder Freunden.

Was den Schatz immer wieder aufwertet, ist eine unsagbar große Kraftquelle: die Kraft Gottes. Dass wir einander durch die Liebe verbunden sind, war Gottes Idee. Er hat diesen Schatz zwischen uns geschenkt: eine Kraft des Vertrauens und der Lebensfreude, ungeachtet aller Schwierigkeiten. Mich motiviert es sehr, meine Kinder zu segnen, sie als Juwelen zu sehen, die funkelnd durch den Tag gehen. Auch und besonders, wenn sie in der Toilette das Spülen wieder einmal vergessen haben. Mich begeistert es, dass wir etwas haben, was uns verbindet.

Wie wäre es, wenn wir Eltern beginnen würden, diesen Schatz sichtbar zu machen? Wenn wir uns gegenseitig als Familien ermutigen, den Reichtum des »WIR« zu entdecken? Wie wäre es, wenn ich heute in meiner schwächsten Minute damit anfange und mich an Gottes Kraft und unseren Schatz der Liebe und der inneren Verbindung erinnere? Wie wäre es, mir in mulmigen Momenten zu sagen:

Unser Kind wird glücklich und erfolgreich werden.

Unser Kind wird mit seiner Individualität so richtig erstrahlen.

Unser Kind wird nicht versagen und nie alleine dastehen.

Unser Kind ist behütet und beschützt, weil Jesus da ist.

Hilfssätze

Ich habe in der Kindergartenzeit die Erziehungsarbeit als fordernde Aufgabe gespürt. Mir ist vor Erschöpfung oft der Kaffee aus der Maschine in die Küche gelaufen, weil ich keinen Becher daruntergestellt hatte. Einmal habe ich alle Schnuller im Topf kochen lassen und bin nach oben zum Spielen und Badputzen gegangen. Erst nach zwei Stunden kam ich zurück in die Küche. Mein Mann stand am Herd, hatte schon alle Fenster geöffnet und sah mich sehr erstaunt an. Damit ich in diesen Situationen nichts Doofes sage, habe ich mir Schatz-pflegende Sätze in den Küchenschrank geklebt. Gerade wenn ich denken wollte, dass wir versagen und unsere Familie nur aus Chaos und Streit besteht, erinnerte ich mich an den Schatz zwischen uns. An die Kraft, die wir anzapfen können.

Viel Pathos? Ja, stimmt. Es hilft aber, das aufzuschreiben. Einige Eltern haben eine Art Schatzbuch für ihr Kind. Worte, die sie notieren, Gebete und Entwicklungssprünge, die das Kind betreffen.

Ich schreibe den Kindern gerne einen Brief zum Geburtstag. Seit sie leben, bekommen sie eine liebevolle Zusammenfassung des

Jahres, ihres Wesens und einige Versprechen Gottes für sie in Form eines Briefes. Ich versuche auszudrücken, wie glücklich es mich macht, Mutter zu sein. Ich versuche zu beschreiben, wie wir zusammen lachen und was uns fordert. Ich beschreibe einen Ausflug oder ein Fest, nenne Lieblingsspielsachen und lustige Wortschöpfungen. Zum 18. Geburtstag gab es übrigens eine Premiere: Der Papa hat auch einen Brief geschrieben. Und das war sehr emotional für beide Seiten.

NACKTES GLÜCK

Als meine Tochter geboren wurde, hatte sie (und ich auch) sehr viele Stunden Geburt hinter sich. Ich spreche bis heute von 34 Stunden, mein Mann von 20. Als dieser kleine Mensch den Schwung der Wehe nutzen konnte und auf die Welt kam, war sie erschöpft und sehr zart. Schnell hat das Ärzteteam getan, was ein Team so tut: Das Baby zum Absaugen gebracht. Ich blieb mit dem Gefühl zurück, nicht gerade mütterlich handlungsfähig zu sein. Wie auch mit einer PDA? Als wir uns dann ansehen und kennenlernen konnten, war ich irritiert: Immer wieder wurde uns werdenden Eltern berichtet, wie umfassend man das Glück und die tiefe Liebe zu seinem Kind erlebt. Bei mir blieb das aus. Meine Gedanken waren schon in den ersten Momenten »falsch« und »unmütterlich«: »Du bist also meine Tochter. Was für ein Mensch bist du? Ein lauter oder eher ein leiser? Und wie deine Stirn aussieht – ist das normal?« Während ich das dachte, sprach mein Mann aus: »Hallo, mein Kind. Für dich bin ich nun also verantwortlich. Ich hoffe, ich mach es gut!« Ich habe mich sehr lange geschämt für diese ersten Gedanken zu meinem nackten Glück, das gerade 30 Minuten alt war.

Keine Frage: Ich liebte unsere Tochter. Ich atmete ihren Duft ein, hielt sie lange und viel fest. Erzählte ihr von uns als Familie, von meinem Leben als Studentin und Gottes Liebe zu ihr. Ich fand mein Glück, aber es war eher nackt und glitschig. Erst viel später haben mir andere Mütter berichtet, dass ihnen der Hype um dieses Glück nach der Geburt ebenfalls eher eine Hürde war als eine Hilfe.

Und ich frage mich: Was macht mich glücklich in unserer Familie? Was macht meine Kinder glücklich? Diese erste Begegnung mit unserem Baby ist für mich zu einem Schlüsselerlebnis geworden, um bei anderen Situationen genau hinzusehen und hinzuspüren: Alle sagen, das ist so toll, aber ist es das wirklich? Muss Glück so sein?

Wenn wir als Familie im Urlaub waren, habe ich in den ersten Urlaubstagen oft enttäuscht meine Tränen weggedrückt. Unser »Glück« hatte nichts mit Gemütlich-im-Wohnwagen-Schlafen oder Im-Vorzelt-Essen zu tun. Es fühlte sich nackter an: Es hatte mehr mit deutlich hörbarem Gejammer in der Nacht und explosiven Streitigkeiten am Tag zu tun. Das war verstörend für mich. Als Mommy wollte ich so gern Glücksmomente mit den Kindern erleben. Diese Glücksmomente, von denen alle reden. Wenn das Leben mit meiner Familie nicht in diese Glücksvorlagen passt, dann wollte und will ich forschen, was uns miteinander glücklich macht. Von Freunden und Bekannten hörte ich beim Austausch unserer Urlaubserlebnisse oft: »Mit Kindern kann man sich nicht erholen.« Oder: »Hauptsache, die Kinder sind ruhig, dann sind wir glücklich.« Ich spürte dabei eine Art Fatalismus: Es geht nicht anders mit Kindern. Also gibt es einen schönen Urlaub erst wieder, wenn die Kinder aus dem Haus sind? Ich entdecke dabei meine eigenen Vorstellungen von Familie im Urlaub. Wutanfälle im Aufzug des Hotels kommen darin nicht vor. Die eigenen Bilder und Ansprüche zu entdecken, ist für mich Teil des neuen Glücks geworden. Ich kann mich entspannen bei drei Wochen Regen in Niedersachsen – ja, das geht. Ich erinnere mich an bewusste Entscheidungen, den Tag in kleine Glückmomente einzuteilen. Das Hören eines Hörspiels, das Memoryspielen, der tägliche Regenspaziergang. Ja, das nackte Glück stellt sich uns oft erstaunlich vor.

Das eigene Glück finden

Ich übe es bis heute, mein Bild vom Glück zu entlarven. Das, was mir von anderen oder von Medien ins Herz gelegt wird, zu hinterfragen. Oft kommt es vor, dass ich am Ende eines Tages oder eines Ereignisses feststellen muss, dass mein Glück so nicht eingetreten ist. Bei Urlauben oder bei Festtagen von Weihnachten bis Einschulung malen wir als Paar uns nun immer öfter vor Augen, was uns miteinander guttut, was wir brauchen, um eine glückliche Erinnerung zu haben. Dabei planen wir diese Schritte auch schon vor, suchen Termine und konkrete Ideen.

Beim Urlaub haben wir uns unseren Stil erarbeitet und mit den verschiedenen Lebensphasen immer neu an die Bedürfnisse angepasst. Als unsere Kinder klein waren, haben wir uns den Tag oft geteilt. Ich bin mit dem hellwachen, zweijährigen Sohn schon mal eine Stunde von halb sechs bis halb sieben spazieren gegangen, habe dann mit den aufgewachten Mädchen Brötchen geholt und so für Henrik eine Schlafverlängerung bis halb acht herausgezögert.

Dafür habe ich jeden Mittag eine Lesezeit bekommen. Für uns beide blieb so das Gefühl, dass unser Ich sich auch erholen kann.

Heute stehen Henrik und ich im Urlaub eher auf als die Teens und unternehmen schon etwas, bis sie um 12 Uhr verschlafen am Frühstückstisch auftauchen. Mir hilft das Wissen, dass andere Familien in ähnlichen Szenarien ihr »Glück« erleben. Nicht, weil ich boshaft denke: »Gut, dass es bei euch nicht anders ist!« Das nackte Glück ist bei uns oft auch mürrisch, lieblos, gereizt und alles andere als Fotobuch-tauglich. Ich empfinde es als Entlastung, dass mein mütterliches Empfinden und Agieren nicht falsch sind und ich Glück nicht verordnet bekommen kann.

Mein Erlebnis mit dem oben geschilderten Baby-Moment hat mich sensibel gemacht für andere Lebensmomente, die durch Bemerkungen, Erfahrungen anderer und auch durch Medien und Bücher emotional aufgeladen sind. Meine Sehnsucht nach schönen Familienmomenten hat mich zu einer Ideensucherin gemacht. Wie leben andere Familien? Was unternehmen sie zusammen? Wie gestalten sie Alltag, Urlaub, Wochenende? Was könnte davon auch zu uns passen? Ich werde so auch wachsam dafür, wichtige Zäsuren im Leben zu würdigen und zu feiern als Ausdrucksformen für unser Alltagsglück.

Einmal sah ich unser Nachbarskind Julia auf der Straße spielen. Als ich fragte, ob nicht gerade die Abschlussfeier der Grundschule stattfinde, sagte sie mir matt: »Mama fand das übertrieben!« Am liebsten hätte ich sie geschnappt und wäre mir ihr zu der Feier gegangen, wo Julia ihr Abschlusszeugnis bekommen hätte.

Das Leben bietet uns viel Glück an. Vielleicht anders, als wir es uns vorstellen oder ausmalen. Vielleicht nackter, direkter, in kleineren Portionen. Was uns glücklich macht, müssen wir Familien,

Paare, Frauen und Männer uns nicht verordnen lassen. Wir suchen es. Und wir finden es.

???

- Welche Situationen oder Unternehmungen haben wir als »Glück« empfunden?
- Wie können wir den Alltag und auch besondere Tage gestalten, um mehr Glücksmomente zu erleben?
- Was können wir uns von anderen Familien »abgucken«? Was passt eher nicht zu uns?

TISCHGEMEINSCHAFT

»Martin kommt nie zum Essen nach Hause. Er arbeitet als Controller sehr lang. Deshalb essen wir alle, wie wir wollen«, stellt Sanne fest. »Was?«, schüttelt Mimi den Kopf. »Das geht doch gar nicht! Der Esstisch ist für mich Schaltzentrale und Liebestank zugleich. Auch wenn es mal Stress gibt.« Sanne denkt nach: »Bei uns will keiner am Tisch essen. Die Jungs gehen oft mit dem Essen in ihre Zimmer und spielen weiter. Ich hab eh keine Lust zu kochen, und ich kann das auch gar nicht. Ich koche nur, wenn Martin mit dabei ist.«

Jetzt noch kochen? Ach nee, da geht auch ein Müsli oder Brot. Etwas Leckeres zu kochen, ist wirklich ein großer Aufwand. Jeden Tag vordenken und in der Küche agieren, fällt mir nicht so leicht. Dabei ist zumindest eine gemeinsame Mahlzeit am Tag ein wichtiger Baustein für eine funktionierende Familie, denn solch ein Beisammensein kann viel mehr sein als reine Nahrungsaufnahme. Mir hat eine Mutter einmal berichtet, dass an ihrem Esstisch Frust über den Schwimmkurs, Sorgen um die Hasen der Nachbarn oder Glaubensfragen ausgesprochen wurden. Das Genießen von leckeren Gerichten öffnet das Herz. Ich habe mich herangewagt und mehr und mehr das leibliche Versorgen als Weg entdeckt, meine Familie zu lieben. Ein warmer Kakao an einem traurigen Tag, duftende Quarkbrötchen als Auszeit bei streitenden Geschwistern wirken Wunder. Wenn wir zuhören, was jeder und jede den Tag über erlebt hat, sind wir miteinander fester verbunden.

Gerade für Kinder ist es wichtig zu wissen: »Es ist jemand da, der sich für mich interessiert und der mich versorgt.« Es gibt ihnen das Gefühl der Geborgenheit. Wenn man weiß, dass jemand zuhört, ist es viel einfacher, auch mal Probleme oder Streitigkeiten mit anderen zu verarbeiten.

Das gemeinsame Essen ist auch von erzieherischem Wert. Zur Familie passende Tischregeln werden miteinander durch tägliche Rituale eingeübt. Kinder können lernen, das Essen zu schätzen und damit umzugehen, wenn es mal nicht so lecker ist. Ein »Es schmeckt mir nicht!« ist angesichts der Vorbereitung und der vielen Hungernden angemessener als ein »Iiih!«. Das Besteck zu nutzen, den anderen ausreden zu lassen und sitzen zu bleiben, bis alle (Kinder) fertig sind, sind soziale Fertigkeiten, die das Kind nebenbei erlernt. Damit können Eltern beginnen, wenn ihr Kind sicher sitzen kann: zusammen beginnen, warten lernen. Hier entsteht Zusammengehörigkeit.

Mit einem gemeinsamen Tischgebet vor dem Essen können Eltern ihren Kindern vermitteln: »Nahrungsmittel sind kostbar. Gott versorgt uns. Wir sind dankbar dafür, dass wir uns ums Essen keine Sorgen machen müssen.«

Frustanfälle

Zum Essen gehört auch Gemecker. Immer wieder gibt's an unserem Esstisch beim Anblick von Zucchini oder Lachsnudeln Frustanfälle. Wir haben irgendwann Wunschessen auf die verschiedenen Wochentage verteilt. Jeder darf sich etwas wünschen. Als die Kost zu einseitig wurde, habe ich auf Karten die Gerichte vorgeschlagen, die man wählen durfte. So habe ich den Horizont von Fischstäbchen und Eierkuchen weglenken können. Mit meinen orientalischen Kochexperimenten brauche ich allerdings kein weiteres Mal aufzuwarten ...

Nicht selten sind die Entwicklungsphasen so fordernd, dass man das gemeinsame Essen als Kampfarena empfindet. Ich habe eine Zeit lang für die Abendmahlzeit schon nachmittags Brote geschmiert, als alle noch friedlich gespielt haben. Dadurch hatte ich noch Kraft, alleine mit drei kleinen Kindern zu essen. Manchmal ging der Tag so schief, dass ich die Kinder mit einem guten Gefühl ins Bett bringen wollte. Ich habe dann ein Fußbodenpicknick veranstaltet: im Flur, wo die Kinder vorher noch eine Höhle gebaut haben. Oder im Badezimmer auf der wärmenden Fußbodenheizung. Wir waren zusammen, aßen und haben gekichert, wenn der Papa doch von der Sitzung früher nach Hause kam und uns im Bad fand.

Das Essen kann uns helfen, Rituale zu festigen. Die große Familienpizza nach dem Hausputz am Samstag macht die Familie fröhlich. Ich kenne Familien, die treffen sich mit Oma und Opa am Samstag zum »Stuten« (Hefezopf) um 15 Uhr oder machen jeden Samstag um 19 Uhr eine »Pommesparty« mit Freunden oder dem Hauskreis. In unserer Familie gab es lange am Freitagabend Chips, weil Aufbleibetag war. Und sonntags nach dem Gottesdienst aßen wir gern Nudeln mit Pesto. Lebensräume werden gestaltet, wenn man den Mut entdeckt, Essen nicht als lästige Pflicht, sondern als Liebesbekundung kennenzulernen.

!!!

Tischgebete

- »Lieber Gott, ich hab Hunger wie ein Bär, mein Magen knurrt und ist so leer. Darum wollen wir jetzt essen und das Danken nicht vergessen. Amen«
- »Jedes Tierlein hat sein Essen, jedes Blümlein trinkt von dir. Hast auch du uns nicht vergessen, guter Gott, wir danken dir.«
- »Alle guten Gaben, alles, was wir haben, kommt, o Herr, von dir. Dank sei dir dafür!«

FESTGENUSS

»Und jetzt?«, zuckt Melina mit den Schultern. Seit ihr Sohn Lasse in der Kita ist, nimmt er den Jahreskreis viel bewusster wahr. »Nun frage ich mich natürlich, wie wir Feste feiern können. Wie geht das mit einem Zweijährigen?«

Egal welches Fest ansteht, ob Ostern, Erntedank, Schulanfang oder der Geburtstag des Kindes – die Zeit und die Vorbereitung auf das Fest gehören für Kindergartenkinder dazu. Sie lieben es, sich durch einen Kalender sichtbar zu machen, wie oft sie noch schlafen müssen, bis das Fest gefeiert wird. Sie haben Spaß am Mitgestalten und entwickeln eigene Ideen. Unsere Kinder haben oft für die Feste, die wir mit Freunden gefeiert haben, Tischkarten gemalt oder aus alten Tapeten Türbanner gebastelt – mit vielen Herzen. Es gibt viele Möglichkeiten, wie Kinder mitgestalten können. Ein persönlicher Spruch für jeden Gast, eine Blume, eine kleine Aufmerksamkeit können dem Kind und dem Gast das Gefühl geben: »Ich bin willkommen. Wir feiern zusammen.«

Oft reicht die Frage: »Was brauchen wir, damit das Fest schön wird?«, und die ersten Ideen kommen. Die Vorbereitung ist eine wichtige Zutat für das Fest. Da soll Liebe, Herz, Fröhlichkeit und viel Spaß zu spüren sein.

Einfacher geht es besser

Beim Feiern geht es nicht darum, sich zu stressen und anderen zu zeigen, wie perfekt man ist. Es geht nicht um still sitzende Kinder auf dem Familiensofa. Es geht darum, gerade bei den kirchlichen Festen einen Bezug zu uns herzustellen.

Bei diesen kirchlichen Festen lassen sich bei mir oft folgende Gedanken entlarven: »Das sind freie Tage – von wegen: Vorher muss ich putzen, wir werden die Schwiegereltern und Eltern besuchen, es wird bestimmt langweilig für die Kinder und es gibt viel, viel zu essen.« Meine Gedanken sind da schnell in einer Tretmühle aus Aufgaben, die zu erfüllen sind, gefangen. Dabei ist die Regel: Je einfacher, umso besser. Es darf auch etwas danebengehen. Wir sollen uns dabei wohlfühlen können.

Glaubensinhalte entdecken

Das Feiern von Festen im Jahreskreis ist eine Art Glaubens- und Kulturarbeit in Minischritten. Was wäre unser Leben ohne diese Höhepunkte? Die Kinder werden an diesen Höhepunkten auch Erinnerungen ablesen, die ihre Kindheit beschreiben. Wie sah der

Tisch aus? Wie roch es in der Wohnung? Gab es Musik? Hat Oma immer dasselbe Kleid mit dem Glitzergürtel angehabt? Feste sind wie Meilensteine in unserem Leben, die uns zwingen, einmal innezuhalten, um uns Zeit für das zu nehmen, was wirklich zählt. Oft haben wir das verlernt. Viele ringen um den inneren Kern des Oster- oder Weihnachtsfestes. Wenn man diese Feste mit Kindern feiert, bietet sich die Chance, den Ursprung, Sinn und Hintergrund der religiösen Feste neu für sich kennenzulernen.

Als wir mit unserem ersten Kind Familie waren und das erste Weihnachten feierten, war Timna neun Monate alt und feierte einfach mit. Wir spürten: Für das nächste Jahr müssen wir uns über unser Fest als Familie Gedanken machen. Was wird es bei uns am 23.12. zu tun geben, was werden wir am 24.12. als Essen genießen? Als sie dann 21 Monate alt war, haben wir jeden Tag im Advent ein Bilderbuch angesehen und immer die gleichen zwei kurzen Lieder gesungen. Timna liebte diese täglichen fünf Minuten Advent und hat die Kerze immer erst am Ende der Zeit auspusten wollen.

Auch die anderen Feste haben wir mehr und mehr als Möglichkeit empfunden, uns über Jesus Christus und Gott zu freuen. Unsere Kinder dürfen in unseren Familien einen Bezug zum Kern der Feste kennenlernen. Der nahende Gott und erlebbare Jesus ist dabei für uns Realität. Die Berichte der Bibel sind für uns da, um Jesus kennenzulernen, den wir erleben können.

Weihnachtsmann und Osterhase

In einer anderen Familie habe ich, als Timna ein Baby war, für den Umgang mit Fantasiefiguren einen anregenden Umgang miterlebt: Osterhase, Monster und Fee kann man spielen. Sie sind Fantasiefiguren und dürfen im Spiel vorkommen. Um unsere Kinder nicht zu verwirren, haben wir es für uns passend empfunden, die kirchlichen Feste ohne Fantasiefiguren wie den Weihnachtsmann zu feiern. Wir sind die, die unsere Kinder beschenken. Wir wollen ihnen zeigen, dass wir uns Mühe machen und voller Liebe versuchen, die richtige Wahl zu treffen.

Manchmal spielen sogar wir als Eltern ein »Spiel« und legen anstelle des Nikolaus' einen Gruß vor die Tür. Unsere Kinder haben diese Trennung für sich gut gefunden. Wenn ein Kindergarten-Freund vom Weihnachtsmann berichtet hat, haben unsere Kinder nicht etwa gerufen: »Den gibt es nicht!«, sondern »mitgespielt« – ein tolles Spiel! Und die Zahnfee? Die Tochter meiner Freundin hat ihren zweiten Zahn mitten in unserer Spielgruppe, der Familienoase, verloren und allen stolz gezeigt. Als ihr Freund Jonas (5) rief: »Cool, dann kommt ja heute die Zahnfee!«, hat sie gesagt: »Nö. Bei uns versteckt meine Mama ein Geschenk. Weil sie so stolz auf mich ist.«

Eigener Stil

Beim Festgenuss geht es darum, seinen Familienstil zu finden. Es gibt kein: »So feiert man die Entlassung aus der Schule.« Es gibt kein: »So macht man es sich richtig schön.« Was in der einen Familie eine Wanderung mit lautem Singen ist, kann in der anderen das Erschaffen eines jährlichen Osterkunstwerkes sein. Eine Familie hat Maria durch die Zimmer der Wohnung wandern lassen und an jedem Adventstag kam sie näher an den Stall.

Ich staune über das, was Kinder aufnehmen. Mein Mann und ich sitzen am Tisch und beraten, wie wir mit den Kindern Ostern erleben können. Rieka (4) isst scheinbar teilnahmslos ihr Brot und sagt plötzlich: »Wir können uns wieder die Füße waschen.« »Nein, du brauchst heute deine Füße nicht zu waschen. Sie sind nicht dreckig geworden«, erwidere ich. Energisch schüttelt sie den Kopf: »Nein, wie Jesus. Da wo Mama mir die Füße gewaschen hat und Papa Timna. Da haben wir doch an Jesus gedacht. Das war schön.« Wir sind baff. Sie war letztes Jahr erst drei Jahre alt, als wir in der Passionszeit die Fußwaschung nacherlebten. Eine Aktion von wenigen Minuten, eingebettet in zwei Lieder, das Lesen der Kinderbibel und ein Abendbrot auf dem Fußboden.

Es macht so viel Spaß, Gott und seinen Weg durch das Jahr zu feiern. Oft ist dabei weniger mehr für uns. Manchmal hauen wir aber auch auf den Putz mit Tischdeko, Menü und Gästen. Ein Fest ist zum Genießen da – egal, wie es aussieht!

???

- Wie kann ein Fest aussehen, das zu unserer Familie passt?
- Wie können wir dabei Gott genießen?

Nah-Kampf

HÜRDENSPRUNG

Luzie (4) spielt mit ihren Sandförmchen auf dem Spielplatz so vertieft vor sich hin, dass ihr Papa Oliver in Ruhe lesen kann. Eine weitere Familie kommt zum Spielplatz. Schnell geht der kleine Junge zu Luzie in den Sand. Zunächst spielen Luzie und Silas (3) zusammen. Dann braucht Silas unbedingt das pinkfarbene Lieblingsförmchen von Luzie und nimmt es. Luzie ist sauer und zerrt daran. Als Silas nicht loslässt, fängt sie laut an zu weinen: »Papa! Silas hat meine pinke Krone. Ich will damit spielen. Papa! Paaappaaa!« Oliver seufzt und geht zu Silas: »Silas, das Förmchen gehört Luzie. Gibt es ihr bitte zurück!« Irgendwann greift Oliver in Silas Hand und reicht seiner Tochter die Sandform.

Diese Situation beschreibt sehr gut, wie Eltern sich oft fühlen. Statt zu fragen: »Was lernt mein Kind?«, um Entscheidungen zu treffen, die das Kind fördern und fordern, werden Emotionen und Sorgen in den Mittelpunkt gestellt: »Wird sich meine Tochter schlecht behandelt fühlen?« »Bekommt unsere Beziehung einen Knacks, wenn ich ihre Hilferufe nicht ernst nehme?« »Soll ich denn nicht auf die Bedürfnisse meines Kindes eingehen?«

Die erste Reaktion von Oliver ist verständlich: »Die Sandform gehört meiner Tochter, und gerade eben war doch noch alles so schön ruhig – zum Krimilesen ruhig. Wie soll sie das jetzt auch lösen? Sie weint. Sie braucht Trost. Sie braucht mich!«

Als Mutter kenne ich diese Momente sehr gut. Ich will auf keinen Fall wegsehen. Ich erkenne die Hürde, die mein Kind nehmen soll und setze alle Kraft daran, dass mein Kind darübergehoben wird.

Dass es sich nicht so sehr anstrengen muss. Mittlerweile sind meine Kinder Teens und ich sehe, welche Hürden ich für sie genommen habe. Wie sie sich vor manchen Dingen drücken und ihr Leben weniger eigenständig gestalten als andere Hürdenläufer.

Papas Praktikum

Erst in den letzten Tagen habe ich gerade noch rechtzeitig bemerkt, dass ich die Hürde »Wie finde ich einen Praktikumsplatz?« unserer 16-Jährigen fast locker für sie genommen hätte. Zum Glück konnte ich mich an ein Gespräch mit einer Familie erinnern, bei dem ich den sehr selbstbewussten Jugendlichen zu seinen Berufsplänen fragte. Schulterzucken und coole Sprüche (»Ich werde Hartzer!«) zeigten mir, dass da ein begabter junger Mann keine Ahnung von seinen Stärken hat. Als ich ihn fragte, nach welchen Kriterien er sich für sein Schulpraktikum entschieden habe, meinte er: »Gar nicht. Hat Papa gemacht. Die Frau, der das Geschäft gehört, ist eine Freundin von ihm!« »War es gut für dich?«, wollte ich wissen. Erstaunt sah er mich an: »Nein. Was sollte daran gut gewesen sein? Es war voll langweilig. Ich habe die zwei Wochen abgesessen.« Der Vater schaltete sich ein und gab mir deutlich zu verstehen, dass sein Sohn sich überhaupt nicht um einen Praktikumsplatz gekümmert habe, dass er keine Vorstellungen für seine Zukunft habe. Als ich fragte, was ihm das Kümmern seines Vaters für seine Selbsterkenntnis gebracht habe, schaltete sich die Mutter ein: »Komm du mal mit deinen Kindern in das Alter!«

Nun stand ich also da, hatte den Zettel der Schule in der Hand und so viele gute Ideen für meine Tochter. Sie ist vielseitig begabt und ich wünschte ihr einen Platz, wo sie darin bestärkt werden kann. Aber sie zuckte mit den Schultern. Ließ sich Zeit. Wir stritten. Immer wieder musste ich mich daran erinnern, dass sie für ihr Leben nichts lernt, wenn ich eine Mail für sie schreibe. Ich habe sie genervt – das schon. Aber sie sollte die Hürde selbst nehmen. Irgendwann sagte ich: »Bis heute Mittag hast du mindestens eine Mail geschrieben.« Nach einigem Meckern und Murren kam sie schließlich zu mir und sagte: »Ich hab noch mal überlegt. Ich mache die Bewerbungen fertig. Bringst du sie dann zu den Adressen?« HALT! Wer nimmt die Hürde? Schließlich saßen wir zusammen im Auto und ich versprach, mich keinen Millimeter zu bewegen, während sie die Mappe in die soziale Einrichtung brachte. Wir übten sogar noch einen Dialog, da sie immer wieder betonte, dass sie nicht wisse, was man sagen soll. Es war zäh. Ich war kurz davor, schnaufend mit der Bewerbung reinzustürmen.

Als sie aus der Tür kam, grinste und den Daumen nach oben reckte, wusste ich wieder einmal: Diesen Stolz auf sich brauchen Kinder und Teenager. Plappernd berichtete sie von jeder Kleinigkeit und seufzte: »Bin ich froh. Ich hab's geschafft!« Das Wissen, dass sie in der Lage ist, ihr Leben zu meistern und zu gestalten, gibt so viel Kraft.

Über Schweres reden

Gerade das eigenständige Bewältigen von unbequemen Situationen ist Nährstoff für das Selbstbewusstsein. Die Menschen, die mit Kindern arbeiten, haben dafür verschiedene Begriffe gefunden: Kohärenz, Resilienz, Zähigkeit. Alle diese Begriffe verbindet ein Gedanke: Ein Kind lernt eine Schwierigkeit zu meistern. Dabei lernt es so viel über sich selbst, dass es für die nächste Herausforderung besser ausgestattet ist. Gerade das Aushalten von Schwerem, Belastendem und von Situationen, die Ausdauer und Geduld fordern, sind für ein Kind wichtige Quellen zum gesunden Aufwachsen.

Dazu gehört auch, mit Kindern über schwierige Themen zu sprechen. Als 2015 die Flüchtlinge in Deutschland ankamen, lernte ich Familien kennen, die ihren Kindern unter keinen Umständen vom Krieg erzählen wollten. Diese Not sei für Kinder zu schwer zu verdauen. Dabei ist das Gegenteil der Fall: Mit wenigen Worten erfassen Kinder die Krise – es braucht dabei keine unverdaulichen Details. Ab fünf Jahren dürfen Kinder wissen, dass Krieg Menschen zum Weglaufen zwingt. Nicht weniger – nicht mehr. Eine Mutter war außer sich, als im Kindergarten diese schlichte Erklärung gegeben wurde: »Nun kann Carla gar nicht mehr schlafen. Sie hat so Angst vor einem Krieg.« Dieses Beispiel zeigt, wie sehr sich Eltern danach sehnen, ihre Kinder sorgenfrei groß werden zu lassen. Sie schleppen alle Hürden von der Bahn. Dabei ist oft eine unterschwellige Sorge um die Kinder zu spüren. Und gerade diese Kinder sind ängstlicher als die, die mit ihren Eltern über Schweres reden.

Zum Reifen der Persönlichkeit gehört auch das Verarbeiten von leidvollen Informationen und Erfahrungen. Im Sinne der Kohärenz ist dies eine nötige Fitnessübung zu den Hürden des Lebens. Je früher Kinder üben, ihre Unzufriedenheit, ihre Wut und auch ihre Trauer auszuhalten, ohne dass jemand sie wegwischt, desto mehr Lösungen entdecken sie in diesen Krisen für sich.

Die Liebe zum Kind ist in diesen Zeiten spielend einfach und doch so schwer: Sie zeigt sich in Nähe, in Begleitung. Es ist nicht weniger Liebe, wenn ich mein Kind ermutige und herausfordere, seine Hürden selbst zu nehmen.

Und Luzie? In vielen Fällen können Kinder lernen zu tauschen und sich abzuwechseln. Ab etwa vier Jahren können Kinder auch lernen, selbst zu sprechen, um Hürden zu nehmen. Oliver hätte seine Hand auf den Rücken von Luzie legen können, um ihr nah zu sein.

Luzie hätte in dieser Situation ein starkes Gefühl von Selbstwirksamkeit entwickeln können: »Ich kläre mein Anliegen selbst.« Vielleicht hätte es zu einem altersgemäßen Gerangel geführt, aber sie wäre aktiv geworden. Natürlich fällt es Eltern schwer, sich zurückzuhalten, wenn sich das Kind windet, weil es beim Flohmarkt nicht nach dem Preis für das Mickey-Maus-Buch fragen will. Aber selbst eine Hürde zu nehmen, können Kinder üben. Wenn das Kind ruft: »Mama, ich brauche Hilfe!«, ist es berechtigt zu schauen, ob man dem Kind eine Anstrengung zumuten kann oder ob es tatsächlich überfordert ist.

ALARMMACHER!

Luis wollte nie gern im Autositz sitzen. Deshalb haben sich seine Eltern mächtig ins Zeug gelegt, was das Entertainment anging. Anfangs gab es Süßes als Belohnung am Ende der Fahrt. Später bekam er vorher und nachher Süßes. Schließlich durfte er beim Autofahren immer einen Film schauen. Auch bei einer Strecke von nur vier Kilometern! Luis hat dadurch gelernt: Ich muss nur genug Alarm machen, dann lässt sich Unangenehmes vermeiden oder wird einem zumindest angenehm gemacht. Warum die Eltern so gehandelt haben? Sie meinten, sie könnten ihren Sohn doch nicht zwingen, im Autositz zu sitzen.

Kinder als hübsch dekorierte Objekte für Fotos – herrlich! Aber das echte Leben hat eine Tonspur. Und die kann bei Kindern sehr vielfältig sein: Es wird geknurrt, gejammert, genörgelt und wütend gebrüllt. Und das nicht wegen existenzieller Probleme. Gestandene

Metzger, Banker oder Juristinnen suchen plötzlich nach dem verloren gegangenen Lieblingsstein des Kindes ...

Kinder machen Alarm. Sie sind laut und fordern uns mit körperlicher Totalverweigerung heraus. Dem Kind nah zu sein, bedeutet nicht, dass das Kind nicht weinen wird oder nicht weinen darf. Gerade zwischen dem zweiten und sechsten Lebensjahr sind Wut- und Heulanfälle ein grandioser Testlauf für das Leben. Das kann uns Eltern in ganz verschiedenen Situationen auffallen:

Bis Leonie fünf Jahre alt war, hat sie den Tag oft mit ihrem lauten Weinen dekoriert. Wegen Kleinigkeiten und nicht etwa wegen grundlegender Bedürfnisse wie Schmerz, Angst oder Hunger. Eines Tages wurde ihren Eltern klar, dass sie oft falsch reagiert hatten. Während Leonies Geschwister ruhig um ein Getränk baten, schmiss sie sich hin. Sie bekam daraufhin etwas zu trinken und eine Umarmung. Aber den Eltern wurde nun klar, dass sie damit Leonies Verhalten nur verstärkten. Sie reagierten auf diese Erkenntnis: Ab sofort bekam Leonie nur etwas, wenn sie sprach – und nicht, wenn sie heulte.

Auch ich kenne den täglichen Alarm meiner Kinder: »Du bist so doof!« Wütend schleudert unser Kind mir diese Worte ins Gesicht. Timna kann es nicht glauben, dass ich wirklich »Nein!« gesagt habe. Sie wollte doch nur kurz mal ohne Helm Rad fahren, ohne Zähneputzen ins Bett, ein drittes Eis essen oder sollte die Bausteine aufräumen.

Einmal war ich bei solch einem Alarm von vielen Eltern umgeben und musste nun pädagogisch wertvoll reagieren. Der Alarm forderte eigentlich eine klare Reaktion wie »Tochter – jetzt reicht's!«. Ich entschied mich aber für ein hilfloses »Wirklich?«. Die Tochter tobte weiter. Meine Worte erreichten sie nicht. Sie legte nach, und die Mütterschar sah mich erwartungsvoll an. Ich rief: »Du bist ein kleiner Pups und hast nichts zu sagen.« Die Augenbrauen der Mütter schnellten hoch. Und die Tochter legte noch eine Empörungsstufe drauf und wurde schließlich brüllend von mir davongetragen. Ich spürte, ich hatte verloren. In mir ratterte es: Was hätte ich besser sagen können? Ich fühlte mich schlecht vor den anderen Eltern und vor allem vor unserer Tochter.

Sortier-Helfer

Immer wieder beobachte ich und erlebe am eigenen Beispiel: Alarmmacher brauchen keinen Gegen-Alarm. Statt in einen Gegen-Alarm einzustimmen, sollten wir lieber wie ein Übersetzer wirken. Kinder brauchen Eltern, die tief durchatmen und erkennen: Mein Kind empfindet diese Situation als unangenehm. Gut ist es, wenn diese Erkenntnis auch ausgedrückt wird: »Ich verstehe, dass du es ohne Helm bequemer findest.« »Du hast wohl gar keine Lust auf Zähneputzen!« »Du hast so einen Eishunger heute?« »Ich merke, das Bauwerk ist dir wichtig und soll nicht aufgeräumt werden!« Kinder sind sehr ehrliche Alarmmacher. Meine Tochter hat bei diesen Verständnissätzen direkt lautstark klar gemacht, wenn ich falsch lag: »Doch! Das Haus kann weg. Ich hab nur keine Lust zum Bausteine-Aufräumen!«

Kinder dürfen schreien und brüllen. Es ist ihre Art zu zeigen, dass sie »es« lieber anders hätten. Was sie nicht dürfen: sich verletzen, andere verletzen oder Gegenstände zerstören. Und sie sollten keinen Stress bei den Eltern auslösen. Keinen »Ich muss das Kind still machen«-Stress.

Ich bin froh, dass unsere Kinder gebrüllt haben. Und sie haben oft gebrüllt! Es ist ein Training für meine Persönlichkeit und die unserer Kinder. Nicht am Brüllen erkennt man Probleme der Eltern mit dem Kind, sondern daran, wie solche Situationen aufgenommen und verarbeitet werden. Kinder, die sich über eine Phase von mehreren Monaten selbst verletzen oder sich übergeben vor Wut, brauchen Hilfe von Eltern und auch von Beratern. Kinder, die in der Grundschule plötzlich anfangen zu stottern oder wieder nachts einnässen, brauchen keinen Gegen-Alarm der Eltern, sondern Sortier-Helfer.

Wir sind als Eltern mit unseren drei Alarmmachern geübter geworden. Ja, wir haben das Alarmmachen miteinander geübt. Sie haben Verständnis von uns gehört und konnten sich gleichzeitig darauf verlassen: Was wir sagen, tun wir auch. Ich mache mir keine Sorgen, dass ihre Seele traumatisiert werden könnte, wenn ich klar bin und sie weinen, weil sie etwas nicht bekommen. Im Gegenteil. Oft wischte sich meine Tochter nach dem Zähneputz-Kampf die Tränen ab und sagte: »War nich slimm!«. Beim Kuscheln habe ich in ihr Ohr geflüstert: »Dann brauchst du doch gar nicht mehr so schreien nächstes Mal.« »Doch!«, kam es zurück. »Muss ich leider!«

???

- Welche Alarmthemen haben wir?
- Wann reagiere ich besonders mit Gegen-Alarm?
- Was braucht mein Kind, wenn es wütend ist?

!!!

- Eltern können ihr Kind schon ab dem Alter von zwei Jahren in einem entspannten Moment fragen: »Was brauchst du, wenn du so wütend bist wie beim Zähneputzen? Was hilft dir?« In einem ruhigen Moment über Zorn und Wut zu reden, hilft dem Kind, diese Gefühle besser kennenzulernen. Es können auch gemeinsam Ideen entwickelt werden: Hilft es, wenn die Eltern den Raum kurz verlassen? Soll ein Kurzzeitwecker klingeln, wenn die Wutzeit zu Ende sein soll? Gibt es ein Kissen, das man ganz fest drücken möchte?

BELASTUNGSPROBE

Am Blick kann ich sehen, was sich nicht aufhalten lässt: Mein Sohn will nicht. Er holt tief Luft, um mir seinen Unwillen auch verbal mitzuteilen. Er brüllt und kreischt. Alles nur, weil dreimal Karussellfahren vorbei sind. Trotz pädagogischer Vorreden und Zählübungen. Er schreit mich und mein Vorhaben, ruhig zu bleiben, in Grund und Boden. Auf einen Schlag habe ich das Gefühl, alle Kinder dieser Welt sind friedliche Kooperationspartner – nur meins nicht. Ich spüre die Last der beobachtenden Blicke um mich herum. Die Verzweiflung, nicht weg zu können, sondern Mutter und somit Ansprechperson zu sein. Mein Sohn brüllt und tritt und mir rinnt der Schweiß. Am liebsten würde ich mitheulen, selbst zeigen, wie trotzig ich jetzt auch bin. Warum-Fragen hämmern auf mein geschundenes Herz ein: Warum ich? Warum jetzt? Warum er? Trotz ist für mich die Belastungsprobe von Liebe. Und was für eine.

Eltern können beides: etwas wissen und doch ganz anders fühlen und handeln. Also ich jedenfalls. Ich weiß es fachlich und aus vielen Gesprächen: Trotz lässt sich nicht verhindern und ist sogar wichtig für die Entwicklung des Kindes. Jeder Wutanfall gibt dem Kind Orientierung. Die Auseinandersetzung lässt es reifen.

Erst nach und nach lernen Kleinkinder, dass andere Menschen auch Bedürfnisse haben. Und dass Dinge gefährlich sein können und es daher Grenzen gibt. Das heißt: Kinder müssen lernen, ihre eigenen Bedürfnisse aufzuschieben, die Bedürfnisse anderer wahrzunehmen und die Grenzen anderer und auch eigene Grenzen zu respektieren. Das ist ein langer Weg! Und eine Belastungsprobe für jeden Tag. Manche Erwachsene haben noch Mühe, angemessen die Bedürfnisse anderer Menschen oder auch die eigenen wahrzunehmen und zu berücksichtigen.

Damit Kinder die Bedürfnisse von sich und anderen angemessen wahrnehmen können und einen guten Umgang damit lernen, brauchen sie klare Grenzen. Vor allem dann, wenn sie noch nicht für sich selbst oder andere Verantwortung übernehmen können. Sobald sie mit sich selbst, einer Situation (zum Beispiel Straße-Überqueren) oder anderen Personen verantwortungsvoll umgehen können, braucht es keine äußeren Vorgaben und Hilfestellungen mehr.

Wut regulieren

Bei Trotzanfällen geht es nicht darum, sie abzumildern oder sie einfach schnell vergehen zu lassen. Es ist meine Aufgabe, dem Kind zu helfen, sich mit seiner Wut auseinanderzusetzen. Und auch, mich selbst neu an meine Wut heranzuwagen.

Ich habe lange die Ausrasterei als Belastungsprobe gesehen. Ich habe gekämpft, gesäuselt und die Kinder wie ein Animateur bei Laune gehalten. Aber sie entwickeln sich dabei nicht. Ein Kind, das in seinen Wutexplosionen gehindert oder angeschrien wird, kann die Wut nicht kennenlernen. Sich mit der Wut vertraut machen und sich selbst regulieren – das geschieht in den ersten sechs Lebensjahren.

Die Belastungsprobe »Trotzphase« ist für Eltern und Kinder ein Übungsfeld. Ich kann dabei Trainingshilfen nutzen:

Vorwarnen: Vorhaben ankündigen. Das Kind nicht mitten aus dem Spiel reißen.

Absprachen treffen: Vor dem Einkaufen wird abgemacht, was es gibt oder was eben nicht. Diese Absprachen sollten eingehalten werden, damit ich für unser Kind glaubhaft bleibe.

Kompromisse schließen: Ich verliere nicht meine Autorität, wenn ich unseren Kindern ab und zu entgegenkomme. Wenn das Kind nun partout die Gummistiefel bei Sonnenschein und 30 Grad anziehen will, warum nicht? Wenn das Kind gerade nicht aufräumen möchte, kann man als Kompromiss vorschlagen, erst ein Buch zu lesen und dann gemeinsam aufzuräumen.

Entscheidungen forcieren: Willst du Milch oder Kakao? Die Entscheidung für das eine bedeutet Verzicht auf das andere. Das fällt Kindern schwer. Damit sich aus der Entscheidungsnot nicht dauerhaft das Gefühl von Überforderung entwickelt, kann man das Entscheiden üben.

Abwarten: Oft das Einzige, das hilft, wenn es wirklich zu einem Trotzanfall gekommen ist. Ich kann Hilfe und Trost anbieten, wenn das Kind es möchte. Vielleicht bin ich aber auch selbst gereizt und wütend, sodass ich einen Moment Pause brauche, um mich zu beruhigen, damit ich dem Kind in dieser Situation keine Vorwürfe mache.

Verzeihen: Nach dem Trotzanfall ist es ganz wichtig zu verzeihen. Trotz ist ein Interessenskonflikt, keine böse Absicht. Deshalb sollten wir nicht nachtragend sein, sondern dem Kind zeigen, dass wir es auch nach seinem Wutanfall noch lieb haben. Mit größeren Kindern kann man im Nachhinein auch über den Anlass eines

Trotzanfalls sprechen und versuchen, zusammen herauszubekommen, was der Auslöser war, was es geärgert hat.

Die Belastungsprobe »Trotzphase« hat einen wichtigen Effekt für unsere Kinder: Unsere Grenzen machen das Leben berechenbarer. Sie bilden die Basis für das weitere Lebenstraining. Unsere Trainingspartner wissen, was »erlaubt« ist, was nicht und womit sie rechnen müssen. Grenzen sollen aber nicht zu sehr einschränken, denn Kinder müssen auch Entfaltungsraum haben, um sich entwickeln zu können. Ich kenne Familien, da sind die Grenzen so eng gesteckt, dass ich manchmal aus Solidarität mit den Kindern schon Trotzanfälle darbieten möchte. Wenn ich allerdings eine Grenze setze, muss diese Markierung Bestand haben und im Zweifelsfall auch der Trotzanfall ausgehalten werden. Wenn ich die Grenzen willkürlich setze und dem Trotzen häufig nachgebe, lernt das Kind, dass es durch Brüllen, Toben oder Stampfen seine Ziele erreicht.

LIEBE, DIE SCHWERFÄLLT

Wir sitzen mit einigen Müttern beim Kaffee. Eine Mutter stöhnt in jedem zweiten Satz über ihr Kind: Es sei frech, rüpelhaft, unsensibel, laut ... Sie bittet um einen Rat, um es besser in Zaum halten zu können. Es kommt zu einem intensiven Gespräch, in dessen Verlauf ich frage, ob ihr Sohn gar keine guten Seiten habe. »Hat er nicht!«, antwortet die Mutter bestimmt. Ich bin so geschockt, dass ich meinen Mut zusammennehme: Ich erzähle, dass ich gelernt habe, dass Kinder so werden, wie wir sie sehen. Dass sie sich so entwickeln, wie wir es ihnen durch unser Vertrauen in sie ermöglichen. Als unser Kind drei Tage alt war, schleuderte der Kinderarzt es durch die Luft und meinte: »Ihr Kind kann das, was Sie ihm zutrauen.« Wenn ich meinem Kind zutraue, laut und unverschämt zu sein, dann wird es wohl auch so werden. Im Gespräch fanden wir heraus, dass dieses Kind erstaunlich gut singen, spielen und schon lesen kann. Die Mutter hat ganz neu begonnen, über Annahme und das Thema der Individualität nachzudenken.

Jedes Kind hat das Recht auf volle Annahme und Unterstützung. Nicht immer fällt es Eltern leicht, ihr Kind zu lieben. Damit meine ich die Momente, in denen ich vor Wut zitternd aufs Klo geflüchtet bin, um meinem Kind nicht weh zu tun. Oder den Moment, in dem ich weinend auf dem Bett lag, weil ich nicht wusste, wie ich meinem Kind helfen soll, trocken zu werden. Es ist unsere Aufgabe als Mutter oder Vater, mit Augen voller Liebe nach Lösungen zu suchen und dem Kind einen Raum der Geborgenheit und Nähe zu ermöglichen. Gerade, wenn mein Kind scheinbar auf Dauernerven, Provozieren oder Brüllen programmiert ist.

Unsere Tochter war zweieinhalb, als wir umzogen. Zu unserem Erstaunen hat sie die Trennung von ihrem Umfeld schwergenommen und neben Schlafstörungen mit heftigen Wutausbrüchen reagiert. Heftig für uns und heftig für sie. Wir erkannten unser Kind nicht wieder. Wir haben oft ratlos neben diesem schnaubenden Geschöpf gestanden. Die Situation war oft garniert mit Kommentaren von anderen Leuten, was uns noch mehr hinterfragte. Mein Mann war genervt, hat aber trotzdem die liebende Verbindung nie aufgegeben. Ich war da anders: Ich ließ mich vom Verhalten unserer Tochter verletzen: »Warum tut sie das nur?« »Habe ich so ein Monster erzogen?« »Sie macht mich fertig!« Ich rutschte mehr und mehr in Selbstzweifel und entzog ihr auch in ruhigen Situationen unbewusst meine Zuneigung. Irgendwann sagte mein Mann: »Warum stellst du dich gegen sie? So muss sie noch mehr kämpfen. Es ist dein Job, ihr einen liebevollen Halt zu geben.« Ich ging in die Luft. »Wie denn bitte?«

Ein Bilderbuch wurde der Ausweg für uns: Jeden Abend lasen wir die Geschichte einer kleinen Maus, die von ihrer Mama ins Bett gebracht wird. Am Ende wird aufgezählt, was Eltern tun, weil sie ihr Kind lieb haben: Essen suchen, kuscheln, schimpfen. Die letzte Seite fasst in wenigen Sätzen zusammen, dass Gott, der Schöpfer, und die Eltern das Kind sehr lieben. Diese geliehenen Worte, das Lesen und Kuscheln beruhigten unsere Herzen. Nach ein paar Wochen konnte unsere Tochter den Anfang auswendig mitsprechen – herrlich.

Geborgenheit

Ich bin davon überzeugt, dass wir durch Gottes Hilfe über dieses Buch gestolpert sind und es eine gefährliche Situation im Sinne Gottes entschärft hat. (Für alle, denen die eigenen Worte fehlen, ihrem Kind zu sagen, wie sehr es geliebt ist: »Ich freu mich so, dass es dich gibt« von Jan Fearnley, Brunnen Verlag, 2000.) Der Weg zu Ihrem Kind kann also ein Buch sein, das Massieren der Füße, das Haarekämmen, das Puzzeln, das Brotbacken, das Singen … Lassen Sie sich etwas einfallen. Lassen Sie sich aber nur nicht einfallen: »Es geht schon vorbei.« Geborgenheit ist ein Ergebnis von Liebe, die sich Ausdrucksformen sucht!

!!!

- Reden Sie nie im Beisein des Kindes über Macken. Die Erziehungssorgen werden besser nicht neben dem spielenden Kind breitgetreten. Auch wenn das Kind scheinbar nichts mitbekommt, hat das Herz große Ohren!

???

- Welche Situation fordert Sie gerade heraus?
- Wie können Sie herausfinden, warum sich Ihr Kind so verhält?

WILLENSSTARK

Wir haben drei willensstarke Kinder. Sehr verschieden drücken sie mir und meinem Mann seit dem Tag ihrer Geburt ihren Willen aus. Wie gesund, wie wertvoll, wie gestaltend! Ein Kind hat direkt seine Unterlippe vorgeschoben nach drei Minuten an der Luft des Lebens, und bis heute reagiert es so: Bei Unwegsamkeiten oder Dingen, die es anders sieht, meckert und mault es – und das beharrlich. Ein anderes Kind hat nach der Geburt vier Wochen die Augen nicht geöffnet – beleidigt davon, wie das Leben mit ihm gestartet ist. Und in Herausforderungen gibt es das auch heute noch: Rückzug. »Lass mich!«, sagt es und schließt die Augen, nachdem es sie vorher theatralisch gerollt hat. Und unser Sohn war direkt präsent und voll da. Er hat sofort getrunken nach der Geburt. In Meinungsverschiedenheiten gilt Angriff: Schon mit fünf Jahren war dieses Kind mir argumentativ überlegen. Und ich halte mich für redegewandt.

Nichts liegt mir und uns ferner, als unseren Kindern ihre Willensäußerungen zu verbieten oder sie zu unterdrücken. Schon zum
ersten Geburtstag haben wir sie zum Beispiel den Brotbelag auswählen lassen: Hefepaste oder Käse? Willensäußerungen beginnen
aus meiner Sicht mit dem Fördern von Entscheidungen. So kann
das Kind in sich hineinspüren, was es möchte oder kann. Es sind
viele kleine Momente, in denen man das Kind einbeziehen kann:
Gehen wir mit dem Schirm raus oder lassen wir uns bei unserem
kleinen Spaziergang nass regnen? Bis die Kinder drei Jahre alt sind,
helfen dabei die klassischen »Oder«-Fragen. Da kann das Kind nur
zwischen zwei Möglichkeiten aussuchen und ist nicht überfordert.

Wenn ein Kind drei Jahre oder älter ist und sich mit dem Auswählen sehr schwer tut, ist dies eine Rückmeldung, die Eltern ernst
nehmen sollten. Sie sollten überlegen: Bekommt unser Kind nach
einem Brüllanfall zur Beruhigung das Eingeforderte, auch wenn
es das Gegenteil von der gerade gefällten Entscheidung war? Wenn
Eltern so handeln, wird es für das Kind schwieriger, den Wert von
Entscheidungen und Willensäußerungen zu erleben. Im ruhigen
Besprechen nach der Kreischphase können Eltern in Worte fassen,
was passiert ist: »Du hast dich für einen Erdbeer-Joghurt entschieden. Papa hat den Mango-Joghurt genommen. Auf einmal siehst du:
Da ist ein Unterschied. Der Joghurt ist doch besser. Das verstehe
ich. Wer eine Entscheidung trifft, fühlt sich manchmal so.« Allein
das Beschreiben gründet eine Basis zum Verstehen von Entscheidungen.

Indirekte Aussagen

Wenn Kinder ihren Willen äußern, darf das von Eltern zunächst
innerlich bejubelt werden. Ein Kind, das eine Meinung zu Brokkoli,

zu Fahrgeschäften auf der Kirmes oder zu Besuchen bei Tante Grete hat, ist gesund. Seinen Willen zu äußern, ist ein Übungsfeld. Dazu gehört auch, Bauchgefühle der Kinder zu beachten:

»Ich mag nicht so gerne zu Enno spielen gehen!«

»Das Kleid ist komisch, und es tut mir weh!«

»Im Auto von Leonie riecht es doof!«

Hinter solchen Bemerkungen steht oft eine Aussage des Kindes, die es nicht so direkt äußern kann. Wenn Eltern genau hinhören und nachfragen, kommen diese inneren Aussagen ans Licht:

»Ich spiele nur mit Enno, weil du es willst!«

»Ich möchte Hosen anziehen!«

»Bitte hol du mich ab. Ich möchte nicht mit Leonie fahren!«

Diese Aussagen sind wertvoll für den Prozess, den eigenen Willen zu bilden. Eltern sollten ihrem Kind eine Rückmeldung geben, dass seine Aussage gehört worden ist. Ob die Entscheidungen der Kinder auch umgesetzt werden können, hängt natürlich von der Situation ab.

Mit Ablehnungen umgehen

Wie Kinder mit der Ablehnung ihres Wunsches, ihrer Willensäußerung umgehen, kann sehr unterschiedlich sein:

Meckern und Maulen: Kinder, die viel nörgeln und jammern, brauchen Eltern, die bewusst reagieren und belohnen, wenn das Kind seine Fragen oder Wünsche ohne Jammerton vorträgt. Gerade die Beharrlichkeit dieser Kinder kann Eltern sehr zermürben. Mit Abstand gesehen ist diese Beharrlichkeit aber eine große Stärke. Diese Kinder werden zu »Dran-Bleibe«-Erwachsenen und brauchen bestimmt keinen Grundkurs in Zähigkeit. Innere Sätze prägen das Verhalten und die Haltung nach außen. Manchmal nutze ich diese inneren Sätze eins zu eins, manchmal sage ich sie mir innerlich selbst auf. Innere Sätze der Eltern könnten sein: »Ich finde es stark, dass du genau weißt, was du möchtest. Du kannst spüren, dass du genau jetzt Lust auf Pommes hast. Ich verstehe das. Es riecht hier in der Stadt auch sehr gut nach Pommes. Du bekommst keine Pommes, weil wir später zusammen essen. Ich weiß, du wirst noch mal fragen. Ich bleibe bei meiner Entscheidung.«

Schimpfen, sich selbst verletzen: Kinder, die ihren Willen ausdrücken und keinen Erfolg damit haben, können eine hohe innere Anspannung empfinden. Sie wissen oft nicht, wohin damit. Sie können am ehesten durch eine körperliche Reaktion entspannen: zum Beispiel durch einen beherzten Fußtritt gegen die Wand oder gegen die kleine Schwester. Manche Kinder fühlen sich durch die nicht gehörte Willensäußerung so abgelehnt, dass sie in den aktiven Schutz gehen und dabei andere beschimpfen. Hier ist der Einsatz der Eltern gefragt. Andere zu beschimpfen oder zu verletzen, ist eine Strategie, die einem Kind nicht hilft, seine Willensäußerungen Erfolg versprechend zu platzieren. Im Klartext: Wer ständig seine Freunde oder Eltern unflätig beschimpft, wird weniger gehört und ernst genommen. Innere Sätze der Eltern können sein: »Ich spüre, du hast eine gute Idee. Du willst ins Schwimmbad. Und du kannst nicht verstehen, dass wir nicht ins Schwimmbad wollen. Du bist uns wichtig, auch wenn wir nicht jede Idee von dir umsetzen können. Du bist uns wertvoll. Ich werde nicht erlauben, dass du dir oder uns wehtust.«

Schweigen: Kinder, die ihren Willen ausdrücken und nicht wahrgenommen werden, schweigen und ziehen sich zurück. Nicht, weil sie die Reaktion der Eltern verstehen, sondern weil sie keinen Mut für eine Auseinandersetzung haben. Ihnen hilft es, in gedanklichen

Rollenspielen zu üben, ihren Willen zu formulieren. Ab fünf Jahren können Kinder zum Beispiel bei Autofahrten auf Gedankenreise gehen: »Stell dir mal vor, du feierst nächste Woche ein Fest – wie sollte das aussehen?« Wenn das Kind nur mit den Schultern zuckt, sollten Eltern nicht gleich aufgeben. »Was wäre dir wichtig? Wer soll kommen? Was gibt es zu essen?« Innere Sätze der Eltern könnten sein: »Du bist mir sehr wichtig. Wenn du eine Idee oder einen Wunsch hast, ist es mir wichtig, das zu wissen.«

Trainingspartner

Als Mutter bin ich die Sparring-Partnerin im Boxring. Ich übe mit den Kindern Leben ein und bin mit dem Vater zusammen Trainings-partner des Kindes. Ich lerne selbst viel im Ring: Seinen Willen ausdrücken zu können ist ein Erfolgsgarant für Lebensbewältigung. Es gibt aber auch Eltern, die ihre Kinder zu Boxkampfmaschinen machen. Die den geäußerten Willen des Vierjährigen als Handlungsauftrag sehen – egal, wer darunter leidet: »Ja, dann hau halt noch fester zurück! Der lernt das sonst nicht!« »Dann rede nicht mehr mit deiner Freundin, wenn die so doof ist!« »Wenn du nicht willst, kann ich ja nichts machen …«. Ich habe mit einigen Eltern der Vorschulkinder gesprochen. Sie wollten, dass die Kinder im Kindergarten mehr lernen, ihre Ellenbogen einzusetzen, um ihre Meinung durchzusetzen. Willensstark sein bedeutet nicht seine Meinung durchzusetzen. Es bedeutet, sich und seine Meinung zu spüren, ausdrücken zu können und zu üben, einen gemeinsamen Weg mit dem anderen zu gehen.

Es gibt es mehr Dimensionen in einer Auseinandersetzung als nur den Ausdruck des eigenen Willens:

- Ich bleibe mir treu.
- Ich achte den anderen.
- Ich lerne Kompromisse als Sieg zu verstehen.

Menschen, die diese Sicht auf sich und andere haben, sind willensstark. Sie haben ihren Willen zu einem Charakter geformt. Der Weg
dahin ist trainingsreich. Bis meine Kinder so weit sind, schnüre ich
mir meine Boxhandschuhe. Gleich geht es weiter, wenn ich meinen
Sohn bitten werde, in den Garten zu gehen. Er hat mir gestern schon
gesagt: »Ich werde streiten. Ich sag dir: Halte durch, Mama! Du bist
im Recht.«

RINGKÄMPFE

»Ich bin so erledigt, obwohl ich körperlich gar nichts mache.
Allein das Denken und Sorgen strengt mich so an.« Ellen spricht
ganz leise, als sie das sagt. Ihre Familie versucht damit klar zu
kommen, dass eins ihrer Kinder nicht mehr die Regelschule
besuchen kann. »Wir kämpfen jeden Tag, und das verbraucht so
viel Kraft!«

Ringen ist ein Sport, bei dem es um Kräftemessen geht. Ich kenne
mich damit nicht aus – im sportlichen Sinn. Im Alltag allerdings
schon. Da bin ich wie viele andere Eltern auch in dieser Disziplin
sehr trainiert. Leider.

Ich ringe um Worte – und fühle mich dabei oft fremd und
missverstanden. Meine Worte sind oft nicht so klar, wie sie sein
sollten.

Ich ringe um Informationen. Ich lese Internetseiten und Bücher, die mich bilden sollen in Bezug auf Themen, die ich nicht kenne und beherrsche, wo es um ernste Erkrankungen von Seele und Leib geht oder um Entwicklungsverzögerungen oder einfach nur um chronische Bronchitis. Ich ringe, weil ich ahne und begreife: Das hat jetzt mit mir zu tun. Das bleibt Herausforderung in meinem Leben.

Ich ringe um Kraft. Zum Beispiel, weil das Vertrauen zu Menschen plötzlich zerstört ist. Ich ringe da um Kraft, wo ich Reaktionen verarbeiten muss, die ich auf mein Mitgefühl oder mein Mitdenken bekommen habe. Oft habe ich dabei das Gefühl, am Boden zu liegen. Und ich bin kurz davor, den Kampf aufzugeben.

Ich ringe um mehr Schlaf und habe doch abends, wenn endlich Ruhe ist, so viel Sehnsucht nach Momenten für mich oder so große Wäscheberge zu bewältigen, dass ich es nicht schaffe, früh schlafen zu gehen.

Ich ringe um Vertrauen von Menschen, die ich enttäuscht oder einfach vergessen habe. Vergessen, obwohl sie mich gebraucht hätten. Vergessen, weil ich mich durch Kinderkrankheiten oder Renovierungschaos gewühlt habe. Hier muss das Vertrauen im Ringen um einen Neuanfang neu wachsen.

Ich fühle mich ausgeschlossen, wenn Freunde von mir sich verabreden und mich vergessen – weil ihre Kinder so schön zusammen spielen. Und ich? Ich bin raus und muss mich an die neue Rolle der Zuschauerin gewöhnen.

Ich versuche mich fit zu machen für den täglichen kleinen und großen Ringkampf mit meinen Gedanken, die mich lähmen wollen. Die mir Kraft entziehen, wenn ich so oft streng mit mir bin, obwohl mir mehr Milde guttäte. Wenn ich versinke in Konjunktiv-Sorgen über das, was geschehen könnte und würde, wenn ich etwas nicht täte.

Ich ringe um das Gefühl, zu kurz zu kommen wie ein vergessenes Kind. Ungesehen, gebend und doch sehnend danach, selbst verwöhnt und entlastet zu werden.

Ich ringe, versuche taktische Ausfallschritte und erziele Trainingserfolge. Und lasse Kraft.

Und doch kenne ich diese Wendung in meinem Kampf, egal ob er groß oder klein ist. Ich sehe noch einmal hoch und rappele mich auf. Ich bin verblüfft und stelle fest: Ich habe mich erstaunlicherweise verändert, reagiere neu und habe aus dem erschöpfenden Ringen Gutes gelernt.

Bei aller Ratlosigkeit, allen Angriffen, die wie eiskalte Schocks in die Glieder fahren, schleppe ich mich immer wieder zu Jesus. Bei unfairen Attacken atme ich tief durch. Ich muss nicht kämpfend agieren oder reagieren. Bei Jesus ist es nicht nötig um Worte zu ringen oder Standpunkte zu verteidigen. Ich darf mich im Ringen entlasten lassen.

Seifenblasen-Segen

Gott gebe dir offene Augen,
um das Schillern in dir und in deinem Kind wahrzunehmen.
So wie die Seifenblase ihr Farbkleid verändert,
stecken auch wir voller Talente und Facetten.
Gott gebe dir ein offenes Herz,
um das Jetzt zu sehen und zu genießen.
So wie die Seifenblase überraschend
erscheint und verschwindet,
werden wir mit Genussmomenten beschenkt.

Gott gebe dir Gebete und Menschen, wenn ein Traum zerplatzt.
Auch wenn die Seifenblase fragil und unbeständig ist,
bleibt Gottes Versprechen zur Treue und Nähe.

SCHERBENHAUFEN

Gerade eben ist mir mein Lieblingsbild heruntergefallen, in
einem Rahmen aus Glas. Nun ist es kaputt. Ein riesiger
Scherbenhaufen. Lange und zackige Scherben. Mein erster
Gedanke: »Was für ein geniales Bild für unser Leben!«

Das Zerbrochene macht mir Mühe. Es ist ein Anblick, den ich wegwischen und ignorieren möchte. Ich habe sofort nach Schuldigen
gesucht (Wer hat das Bild so blöd auf das Klavier gestellt?) und mich
selbst als Übeltäterin entlarvt. Manchmal finde ich einen Schuldigen
für die Scherben meines Lebens, aber das ändert nichts an dem
Zerbrochenen. Im Gegenteil, die Wut fesselt mich noch mehr an
den Anblick der spitzen und verletzenden Scherben.

Als ich die Scherben aufsammle, merke ich, wie achtsam ich
dabei sein muss. Erst als ich einen haarfeinen Minisplitter in meinem Daumen suche, stelle ich fest, dass ich mir Hilfe hätte suchen
können: ein Kehrblech, Handschuhe zum Schutz. Wie schnell wollen wir die Schmerzen in uns beseitigen und doch bleibt oft etwas
in uns zurück?

Ich habe eine Frau erlebt, die bis ins Alter Konkurrenz zu allen
anderen empfunden und sich abgelehnt gefühlt hat.

Ich kenne einen Mann, der alles allein fühlen und erleben musste, weil er Menschen nicht an sich heranlassen konnte.

Ich spreche mit Erwachsenen, die ihre Eltern nicht lieben können – natürlich aus guten Gründen ...

Ich sehe Kinder, die durch die Sorgen der Eltern ängstlich werden – natürlich aus guten Gründen ...

Warum holen wir uns keine Hilfe? Warum probieren wir nicht aus, die Scherben zu beschreiben und Worte zu finden für unsere Ohnmacht? Alle hören das laute Scheppern in uns oder in unserem Umfeld. Und doch werden klammheimlich die Scherben eingesammelt und erst Jahre später die vereiterten Wunden gezeigt. Ich habe diese kleinen Splitter besonders als Mutter mehr und mehr erlebt und gespürt. Es waren meine Begrenzungen und meine hohe Empfindsamkeit, die meinen Akku im Familienalltag schnell geleert haben. Mir hat es geholfen, diese kleinen und größeren Verletzungen nicht in mir eitern zu lassen. Ich habe zunächst einen Gesprächs- und Gebetspartner als »Kehrblech« für das Grobe gesucht, dann Hilfe für meine Schmerzen. Und schließlich habe ich sogar therapeutische Hilfe in Anspruch genommen. Das Aufsammeln der Scherben und das Behandeln der entstandenen Wunden ist mühsam. Aber es lohnt sich. Und vielleicht finde ich jetzt sogar einen ganz neuen und schönen Bilderrahmen für mein Lieblingsbild.

???

- Welche Scherben kenne ich aus meinem Leben?
- Wie räume ich diese Scherben aus dem Weg?
- Sind alte, feine Splitter in mir zurückgeblieben?
- Wer kann mich unterstützen und mir Hilfe sein?

WUTWELLE

Helga blickt zornig in die blitzenden Augen ihres dreijährigen Sohnes. Er stampft auf und zeigt mit seiner Körperhaltung und lautem Gebrüll, was er von der Bitte hält, sich im Trubel der Innenstadt in den Buggy zu setzen: gar nichts! Helgas Nacht war lebhaft. Sie hat wenig Schlaf bekommen und spürt einen ziehenden Schmerz im Nacken, der Kopfschmerzen ankündigt. Unwirsch wiederholt sie die Anweisung. Ohne Erfolg. Helga spürt, dass ihre Wut wie eine große Welle ihre inneren Dämme überschwemmt und mit sich reißt. Sie stampft mit dem Fuß auf: »Mach endlich, ich will das. Los!« Sie holt tief Luft und schreit: »Und hör auf zu schreien!« Dabei verschränkt sie die Arme und sieht einen kurzen Moment lang so aus wie eine Dreijährige.

Ich bin so eine Helga. Nicht selten hat mich die Wutwelle überrollt. Im Nachhinein habe ich eine Ahnung, wie kindlich und kindisch ich mich verhalten habe. In großen Gefühlen werden wir Erwachsene oft auf das kindliche Erleben zurückgeworfen. So sieht es doch auch irgendwie drollig aus, wenn in einer Spielshow eine Seniorin bei einem Gewinn hüpft wie eine Grundschülerin.

Kinder brauchen praktische Erfahrungen, um ihre Gefühle und Reaktionsmuster kennenzulernen. Diese Erfahrungen sammeln sie mit uns: in überfüllten Fußgängerzonen und vor den verführerischen Süßigkeitenregalen beim Einkaufen. Wie oft habe ich dabei vergessen, dass ich die Erwachsene bin. Dass ich meine Gefühle schon länger kenne und – eigentlich – bewältigen kann. Kinder beruhigen sich schneller, wenn sie sich sicher fühlen. Aber sie zeigen ihre Gefühle auch stärker, wenn sie sich sicher fühlen. Sicherheit und Verlässlichkeit sind Grundlagen dafür, dass Kinder sich frei äußern. Nicht umsonst sind Kinder bei ihren Eltern oft von größeren Wutanfällen geschüttelt als bei den Großeltern oder in fremder Umgebung.

Die Wutwelle ist für alle Eltern ein Lernbereich. Nichts kann tiefe Gefühle so sehr aktivieren wie das Leben mit Kindern. Für mich war es schwer zu begreifen, wie sehr ich durch brüllende Kinder oder glucksende Lachanfälle innerlich bewegt werde. Ich habe dabei verstanden, dass nicht alle Eltern ihre Gefühle schon so gut trainiert haben, um nicht wieder in die kindliche Ebene zu rutschen. Mit den Kindern kommen die eigenen Übungsmuster und Erfahrungen wie eine Welle unhaltbar angerollt. Ich habe Jahre gebraucht, um zu verstehen, dass ich oft kindlich reagiere. Dahinter stehen meine eigenen kindlichen Erfahrungen, unbearbeitete Verletzungen und Trauer.

Der Wutwelle widerstehen

Wenn meine Kinder einen Wutanfall hatten, habe ich mitreagiert. Ich meine nicht ein begleitendes Mitgefühl, sondern ich habe auf ihrer Ebene mitgestritten, mich aufgeregt und mitgebrüllt. Weit entfernt vom Erwachsensein und davon, meine Identität gut zu kennen. Manche Eltern schweigen in einer Wutwelle – nicht, weil sie ihr Kind ignorieren wollen, sondern weil sie Schweigen als Lösungsmuster kennengelernt haben. Manche nehmen das Kind in Schutz und mildern sofort die Gefühle ab, weil sie selbst nicht gewohnt sind, ihre Gefühle ausleben zu dürfen und Frust aushalten zu können. Meine Identität ist aber von Gott geprägt. Ich will mehr und mehr hineinwachsen und die Rettungsringe nutzen lernen: Ich bin geliebt, gewollt und habe einen sicheren Halt bei Gott.

Erwachsen werden meint: Wenn ich wütend werde, lerne ich Mechanismen, um damit so umzugehen, dass niemand zu Schaden kommt – weder ich noch andere. Ich nehme dabei das dreifache Gebot ernst: Ich achte auf Gott, meine Nächsten und mich. In einer tosenden Wutwelle bin ich davon weit entfernt. Ich schimpfe, fauche und werde auch gefährlich für mich und meine Kinder. Diese Wutwelle löst Strudel an Zerstörung durch unbedachte Worte und Gesten aus.

Erwachsen reagieren kann heißen: Ich spüre meine Erschöpfung und warne vor. Ich achte auf mich und gehe noch klarer mit meinem Kind um. Ich lasse mich nicht auf den Kampf ein, sondern wiederhole ruhig mein Anliegen oder meine Aussage. Ich spüre dabei, wenn die Wutwelle näher kommt und gehe zur Sicherheit für mich und die Kinder auch aus dem Zimmer. Gerade hier bin ich Kleinkind. Ich möchte am liebsten dicht an meinen Kindern sein, wenn wir streiten. Sie geben mir klare Signale und ich möchte ganz nah bleiben – bis es richtig knallt. Wenn Helga nun mit dem Fuß stampft, lernt ihr Sohn: »Das ist die Art, wie ich zeige, was mir wichtig ist!« Und wer brüllt: »Schrei nicht!«, erreicht nichts – außer einem blöden Gefühl im Nachhinein.

Erwachsen reagieren

Kinder, die hochfahren, brauchen Orientierung. Sie brauchen uns und unseren Überblick. Für meine Wutwellen habe ich mir Schwimmflügel gebastelt, um nicht jedes Mal von der Welle mitgerissen zu werden. Ich sage einen Satz immer wieder. Ich möchte meinem Kind zeigen: Ich bin da. Ich bin da und bleibe in meinem Anliegen klar. Ich atme dabei bewusst durch, denn Luft anhalten erhöht den Stresspegel und die Helga-Anfälligkeit. Je nach Kind lege ich ihm die Hand auf die Schulter oder ich knie mich zu ihm. Allerdings nicht, wenn mein Kind spuckt, nach mir schlägt oder tritt. Dann beende ich das Dauer-Wiederholen meines Satzes und handle, um mich und mein Kind zu schützen. Wichtig ist mir auch, dass unsere Kinder keinen Erfolg damit haben, wenn sie sagen: »Du bist doof, Mama. Papa soll kommen!« Die Erziehung ist unsere gemeinsame Aufgabe, und dabei werden keine Rankings erstellt, wer netter ist.

Erwachsen reagieren – was bedeutet das? Ich lerne zu verstehen, was meine Wutwelle auslöst. Ich lerne zu üben, was mich beruhigt und wie ich meine Gedanken und Gefühle ausdrücken kann, ohne andere zu verletzen. Das Erwachsenwerden mit unseren Gefühlen ist für die Begleitung von Kindern eine wichtige Grundlage. Es ist ein Unterschied, ob wir mit unseren Kindern mitfühlen oder auf der gleichen Entwicklungsebene mitleiden. Mitgefühl lässt meinem tobenden Kind die Möglichkeit, seinen Weg aus der Wut zu finden. Dann kann die Welle verebben.

???

- Ich nehme wahr, was in mir los ist: Was denke ich, wenn mein Kind einen Trotzanfall hat? Was denken andere?
- Wie spüre ich, dass eine Wutwelle bei mir im Anmarsch ist? Wie reagiere ich dann?
- Wie kann ich den Überblick behalten, was beruhigt mich?
- Wo darf ich lernen, meine Gefühle auszudrücken, um zu reifen?

!!!

- »Erwachsen bleiben!« ist eine Formel, die wir uns als Eltern zuflüstern, wenn wir in der Gefahr stehen, uns auf die gleiche Emotionswelle zu schwingen wie die Kinder.

CHECKLISTE: NAH SEIN

Nah sein mit Körperkontakt

Mein Kind darf mich spüren. Ich habe Familien kennengelernt, die sehr liebevoll miteinander sind. Bei jedem Kommen oder Gehen wird das Kind mit Namen begrüßt oder mit einem freundlichen Wunsch verabschiedet. Dabei wird durch eine Berührung am Arm oder auf der Schulter ein Körperkontakt hergestellt. Heute sind wir Nachahmer. Nicht selten kuschelt sich unser Sohn beim Verabschieden noch in unseren Arm. Unsere Kindergarten-Kinder haben sich mit fröhlichem Rufen nach einem Nachmittag draußen wieder ins Haus getrollt und sich eine Umarmung abgeholt.

Der Körper spürt gerne Nähe. Dabei ist es egal, wie wir das Nah-Sein für uns passend im Körperkontakt gestalten. Es festigt unsere Beziehung. Gerade das liebevolle Eincremen, das kreative Schminken als Schmetterling oder Raubtier oder das Kraulen des Rückens helfen dem Kind, die Verbindung zu den Eltern zu erfahren. Ich kenne Eltern, die ihr Kind ohne innere Hinwendung baden und anfassen. Dabei sind solche Momente des Körperkontakts eine Chance, sein Vater- oder Muttersein zu erleben und dem Kind zu zeigen. Dazu können auch ein Kitzel-Alarm oder eine Kissenschlacht gehören. Auch das Anziehen der Mütze kann ein liebevoller Moment sein: nicht »Zack, Mütze drauf«, sondern mit einer kleinen

Geste ein paar Haare aus dem Gesicht streichen. Das Kind liebt es, liebevoll behandelt und berührt zu werden.

Auch in Situationen, wenn unser Kind eine klare Ansprache braucht, ist eine leichte Berührung der Schulter oder der Hand ein unterstützendes Signal: »Ich möchte dich erreichen! Ich habe eine Info an dich!« Lange habe ich neben meinem bewegungsfröhlichen Kind gesessen und es durch meine Hand auf seinem Knie an die Familienregel erinnert, beim Essen auf dem Stuhl zu sitzen. Allein dieser kurze Körperkontakt war Erinnerung genug.

Nah sein mit Blickkontakt

Wenn meine Kinder bei einer Kindergartenaufführung oder einem Konzert in einen Raum kamen, habe ich ihren Blick gesucht und ihnen zugezwinkert. Die Verbindung, die dadurch hergestellt wurde, konnte vieles bedeuten: »Das schaffst du!« »Du siehst super aus als Pilz!« »Ich freu mich auf eure Beiträge!« Mittlerweile suchen sie unseren Blick ganz selbstverständlich – schön und wärmend – quer durch einen großen Raum...

Timna hat mit fünf Jahren einmal festgestellt, dass sie sich gesehen fühlt, andere Eltern aber oft gar nicht für ihr Kind da sind, sondern bei den Weihnachtsaufführungen oder anderen Festen quatschen und nur kurz herübergucken. Sie lassen stattdessen die Kamera oder das Handy sehen. Das Gesehen-Werden ist ein starker Ausdruck für Nähe und Liebe. In dem Film »Avatar« gibt es eine Szene, in der die Hauptdarsteller sich gegenseitig sagen: »Ich sehe dich« und dies als Liebeserklärung meinen.

»Sieh mich an!«, kann sowohl sehr warm als auch sehr hart klingen, und auch so gemeint sein. In Auseinandersetzungen fordern wir oft den Blickkontakt, um sicherzugehen, dass wir gehört werden.

Kinder wenden den Blick ab zum Schutz und als Zeichen, dass ihnen die Ansprache zu nah geht. Lange habe ich diesen Schutzraum nicht gewährt und verstanden. Ich habe an meinen Kindern lernen dürfen, dass sie sehr wohl bei der Sache sind. Und dass sie den Blick abwenden, je näher ihnen ein Thema ist und je eher sie einen Schutzraum brauchen. Ich versuche, in diesen Momenten, wenn es mir um Nähe geht, ihren Blick zu gewinnen. Zum Beispiel, wenn ein Dreijähriger hören muss, wie wundervoll er ist, auch wenn man sich streitet. Wenn mein Sohn mit fünf Jahren wimmert: »Ich bin schrecklich. Ich haue, obwohl ich das nicht will!« Dann ist mir der Blickkontakt dringend nötig. Oft schimmern dabei noch meine Tränen von einer aufgebrachten Situation. Manchmal finde ich keine Worte. Aber ich lege in meinen Blick mein Versprechen unserer Beziehung.

Nach schweren Tagen mit einigen Beziehungshürden hat mein Sohn einmal gesagt: »Ich will hart sein und nicht weinen. Aber wenn du so lieb guckst, dann werd ich ganz weich und das Weinen tut dann doch gut!« Oft ist ein sicherer Raum nötig, damit Kinder die Trauer über Erfahrungen verdauen können. Nähe ist dazu eine wichtige Zutat.

Wir lachen auch viel gemeinsam – oft über Blicke. Nicht über andere, sondern über uns oder bestimmte Situationen. Wie herrlich, wenn man so verbunden ist und nach einem Blickkontakt im Discounter losprusten muss, weil man die gleiche Erinnerung teilt.

Nah sein mit Kreativität

Nähe braucht eine ganz persönliche Sprache und lässt sich nicht verordnen. Familien dürfen ihre ganz eigene Form von Nähe finden. Ich bin eine Zettel-Schreiberin. Nicht oft, aber immer wieder

verstecke ich Herzen oder Botschaften unter dem Kissen, im Kinder-
gartenrucksack oder am Spiegel. Andere können Briefe schreiben,
backen jeden Freitag etwas Leckeres oder gehen sonntags schwimmen. Ich kenne Familien, die sich in Kuschel-Klamotten zum Picknick abwechselnd in den Kinderzimmern treffen oder zusammen
malen.

Medien und Blogs zeigen uns, wie wundervoll-bio-nachhaltig-
kreativ-alternativ-DIY und sonst was Familie sein soll. Ich entmiste
meine eigenen Vorstellungen von Hochglanz-Familienzeit immer
wieder – das ist manchmal schmerzhaft. Ich frage mich dann: »Wie
machen das Familien nur? So künstlerisch-sportlich-musikalisch
zu sein? Wann? Wie?« Bis ich wieder bei *unserer* Sprache der Nähe
ankomme. Lieber weniger Ausstellungen besuchen oder Instru-
mente spielen und dafür wissen, was mein Kind bewegt. Dazu brauche ich Zeit und Ideen für Aktionen, die zu uns passen.

Nah sein mit Worten

Schnell bin ich dabei, mit Worten zu organisieren und zu hinterfragen. Ich sichte Bonbonpapier auf dem Kinderzimmerboden und
spreche eine Mahnung aus. Oder ich kündige die nächsten Termine
an. Worte können aber auch Klarheit und Nähe gestalten. Mit Worten kann ich wertvolle Momente formen, in denen mein Kind etwas
Gutes, Liebevolles über sich hört.

Ich durfte das erste Zeugnis meiner kleinen Freundin Anna
lesen und habe ausführlich gelobt, wie genial ich finde, dass sie
sich an den neuen Rhythmus mit der Schule gewöhnt hat. Anna
sah mich an und antwortete: »Aber ich bin nicht gut im Lesen!«
Noch einmal holte ich aus und beschrieb, was sie alles geleistet hat:
aufstehen, Sachen packen, Freunde finden, Hausaufgaben machen.

Später hörte ich, dass sie diese Worte ihrer Mama gegenüber genau wiederholen konnte. Worte werden aufgesaugt und sie prägen.

Was hindert mich meinem Kind zu sagen, dass es genial ist? Oder umwerfend lustig? Was hindert mich, die Anstrengungen zu loben und nicht das Ergebnis? Ironie und abwertende Töne dagegen verletzen das Kind und verunsichern es.

Nah sein durch Zeit

Nicht selten ist unser Tag voll durchgetaktet. Gerade noch beim Kindergarten, schon drehen wir mit dem Einkaufskorb unsere Runden, dann schnell zu Sport/Musik/Kunst und schließlich zu Hause Abendessen. Manche Kindergartenkinder verbringen weniger als fünf Stunden in der Woche mit ihren Eltern. Wenig Zeit, wenn man als Zweijährige mal einen gepflegten Wutausbruch hinlegen will oder als Fünfjähriger einfach mal alle Legosteine zählen möchte.

Nicht selten sind Kinder irritiert, wenn einmal das Programm und die Taktung von außen fehlen. »Laaaangweilig!« scheint die schlimmste Beschwerde der Kinder zu sein, und schnell wird zur Besänftigung eine Frühförder-App auf das Handy geladen. Dabei ist Langeweile eine wertvolle Erfahrung für Kinder: Langeweile aushalten und irgendwann ganz allein herausfinden, was mich aus der Nörgelstimmung herauszieht, was mich begeistert. Dazu ist Zeit nötig. Nicht selten nörgelten mich unsere Kinder samstags an und wollten Programm. Erst nach meinen klaren Worten und ihrem Rückzug in die Kinderzimmer entfaltete sich ein fantasiereiches Spiel.

Ich brauche Zeit, um mein Kind bewusst anzusehen, es wahrzunehmen und auch die Momente zu erwischen, wo spannende Themen aus dem Kind herausplatzen.

Nah sein durch Flexibilität

Was gestern noch super war, kann heute schon nicht mehr passen. Was unsere Beziehung über Jahre positiv geformt hat, ist plötzlich abgelaufen. Neue Wege und Methoden, neue Worte und Zeiträume müssen gefunden werden. Nähe bedeutet, die Kinder nicht auf ihre Bedürfnisse von gestern festzulegen.

Nähe zwischen Eltern und Kind kann sich auch so ausdrücken, dass Eltern sich weiterentwickeln und Regeln neu formulieren müssen. Was immer so unmissverständlich logisch erschien, kann hinterfragt werden. Wenn ein Kind über einen längeren Zeitraum schlecht träumt, werden TV-Zeiten und Schlafregelungen neu zu entscheiden sein. Vielleicht ist es dann doch angesagt, dass das Kind eine Zeit im Elternbett schläft?

Für mich ist dies eine echte Herausforderung. Ich bin eher klar als nah. Ich mag lieber Rituale als spontane Aktionen. Und doch: Ich erlebe Nähe zwischen mir und den Kindern, wenn ich veränderungsbereit und flexibel bleibe.

Klar – Sicht

MÜCKE UND ELEFANT

Jeden Tag atmet Thomas tief durch, wenn es darum geht, seinem Sohn Luis (3) die Schuhe anzuziehen. Die Zeit drängt, denn Thomas' Meeting beginnt heute früh – und leider pünktlich. Luis hat schon ein paar Mal so sehr seine Schuhe verweigert, dass Thomas ihn mit unsanften Griffen in eine Position gebracht hat, in der er ihm die Schuhe anziehen konnte. Heute ist es auch noch nass draußen ... Nachdem Luis sich mehrfach lautstark geweigert hat, die Schuhe anzuziehen, stopft Thomas seine Füße schließlich in Gummistiefel. Bleibt das so? Wird sein Sohn eine Art Phobie gegen Schuhe entwickeln? Muss er ihn zwingen, oder ist es auch denkbar, Luis mit nackten und nassen Füßen in die Kita gehen zu lassen?

Im Leben mit Kindern gibt es täglich einen Moment, in dem Eltern sich fragen: Kann das bleiben oder muss das weg? Dabei geht es nicht um die Berge an Kunstwerken, die ein Kind am Tag herstellt. Es geht um die Verhaltensweisen, die ein Kind zeigt: vom Zähneknirschen vor Wut, über das Augenschließen beim Blickkontakt mit fremden Menschen oder das Hüpfen am Esstisch. Jede Mutter und jeder Vater kann wahrscheinlich eine Verhaltensweise bei ihrem oder seinem Kind benennen, die Irritation oder sogar Sorge weckt. Diese Liste könnte ich aus der Arbeit mit Familien und meinen eigenen Kindern noch beliebig verlängern:

- die Mutter beschimpfen oder schlagen
- vor Wut die Luft anhalten
- Geschwister schubsen/beißen/kneifen/anspucken

- Tiere quälen
- mit Schuhen ins Bett wollen
- nie außerhalb des Zuhauses spielen
- Angst vor lauten Tönen
- Trinken aus dem Fläschchen bis zur Einschulung
- Geruch an Fingern vermeiden
- sich nicht trösten lassen
- Dauerhunger haben
- nicht barfuß gehen wollen

Kinder brauchen Kraft, um sich in das komplexe Leben einzufühlen. Sie sind dabei – je nach Persönlichkeit – unterschiedlich aktiv. Einige Kinder stürmen auf das Entdecken drauf los, andere muss man zum Schleichen ermutigen. An diesem ganz eigenen Tempo ist grundsätzlich nichts falsch. Beschwerlich wird es für ein Kind, wenn Eltern oder das Umfeld so reagieren, dass die anregenden Reize gefiltert werden. Wenn die Eltern also eine Vorauswahl treffen: »Das ist nichts für unsere Tochter. Das probieren wir lieber nicht!«

Kinder lernen das Leben ab dem ersten Moment im Mutterleib kennen. Das Erfassen der Welt wird mit zunehmendem Alter ein wirkliches Tasten, Begreifen, Anfassen und Ausprobieren. Je mehr das Kind dabei fühlen darf und sich selbst spürt, umso besser gelingt das Einsortieren der Eindrücke. Das Leben ist so komplex: Was ist Farbe? Wie riecht Sommer? Warum ist oben immer oben? Oder ist es das gar nicht?

Zwischen Angst und Begeisterung

Das Leben ist auch für uns Erwachsene trotz unseres Erfahrungsvorsprungs immer noch ein zu entdeckendes Geheimnis. Diese Fülle von Informationen will verarbeitet werden. Das Kind legt Beobachtungen und Gehörtes, Erfahrenes und Erlebtes ab. Das Gehirn macht das echt schlau: Da, wo schon Infos zu einem Thema sind, werden die nächsten drangehängt.

In all dem Entdecken macht das Kind die Erfahrung, dass es immer wieder zwischen Angst und Begeisterung schwankt. Es gibt so viel zu erleben. Das kann »Puh« oder »Yeah« sein. Je nach dem mitgebrachten Persönlichkeitskonzept gibt es Phasen, in denen das Kind in einem oder mehreren Themen »schrullig« wird und ganz eigene Regeln einfordert. Es ist wie ein Spiel: »Ich erfasse die Welt. Ich habe dies verstanden und möchte es anwenden und ausprobieren.« Die Reaktion des Kindes kann aber auch sein: »Die ganze Sache mit dem Leben kennenlernen fordert mich sehr. Ich will jetzt erst mal nichts Neues. Ich brauche einen Raum, in dem ich sicher bin, dass nichts Neues kommt.«

Unsere Kinder hatten diese Phasen auch: Da durfte niemand anderes als Mama trösten. Da konnte das Kind auf keinen Fall Hosen ohne Gummizug tragen. Oder es konnte nur einschlafen, wenn jemand etwa zwei bis drei Stunden neben dem Bett sitzt und singt.

In solchen Phasen stecken Eltern in einem Dilemma: Sie sind erfreut, dass ihr Kind Persönlichkeit zeigt, dass es seine eigene Idee deutlich macht. Andererseits sind sie angestrengt, weil diese Extraregeln den Ablauf des Alltags beschweren. Und sie sind hilflos, was die begleitenden Wutausbrüche angeht. So ging es mir: Ich wollte unbedingt die ausgedrückten Gefühle ernstnehmen. Und doch war ich bis zum Platzen genervt.

Klar bleiben

Mir hat es geholfen, solche »Spezialthemen« meiner Kinder mit Hilfe eines Vergleiches näher anzusehen. Handelt es sich hier um eine Mücke, die wir schnell wieder vertreiben können? Die zwar lästig ist, aber der Entwicklung des Kindes nicht im Wege steht? Denn ein Mückenstich brennt und juckt, ist aber nach wenigen Tagen Behandlung verschwunden. Oder sehe ich allmählich einen sehr niedlich wirkenden, aber zu großen Elefanten im Kinderzimmer herumstapfen? Ein Elefant lässt sich nicht so leicht bewegen. Hat das Verhalten oder die »Macke« des Kindes Folgen für seine Entwicklung?

Schon von ihrem mitgebrachten Lebenstempo her war Jella eher vorsichtig und tastend. In den ersten Lebensmonaten war sie ein strahlendes Baby und sehr entspannt. Irgendwann als Kleinkind wuchs die Mücke. Sie war verschämt, wenn Menschen – auch Kinder – sie ansprachen. Die Eltern sprangen wie Übersetzer mit Texten ein, wie Souffleure in einem Theaterstück. Ihre Hilfestellung wurde immer umfassender und auch gereizter: »Aber Jella, mach kein Theater: Die anderen haben nichts gegen dich. Nun spiel schon mit ihnen!« Jella wollte sich einen sicheren Raum anlegen. Aber dabei nahm sie wahr, dass ihr gewähltes Verhalten nicht gewollt ist und dass andere schlecht über sie denken könnten.

Eltern ist oft nicht bewusst, wie groß die Auswirkungen ihrer Aussagen sein können. Wie sehr sie durch Kommentare und Bemerkungen aus der kleinen Mücke einen wachsenden Elefanten machen.

Jella blieb im Spielkreis bei Mama sitzen. Immer. Mama seufzte darüber. Immer. Jella weinte, wenn sie nicht den Glitzerstein bekam, den sie wollte, und Mama erklärte das verständnisvoll der Erzieherin. Zu Hause war Jella fröhlich und bestimmend. Sobald sie vor die Tür ging, flüsterte sie. Im Kindergarten war sie deshalb oft nur Beobachterin und kam frustriert nach Hause.

Tino war ein fröhlicher Kerl. Irgendwann zwischen zwei und drei Jahren entdeckte er sein Spezialthema: Feuerwehr. Nichts konnte ihn so fesseln wie die Arbeit der Feuerwehr. Von seinen Eltern wurde er mit Büchern, Spielzeug und CDs ausgestattet. Sein Glück war perfekt, als Oma ihm einen Feuerwehranzug mitbrachte. Nun konnte er keinen Tag ohne diesen Anzug sein. Mit wilden Kämpfen weigerte er sich, ohne den Anzug in den Kindergarten zu gehen. Die Eltern redeten auf ihn ein, kauften Feuerwehr-Shirts, bestraften ihn oder rangen ihm Versprechen ab: »Morgen ohne Stress, o.k.? Bist ein toller Junge, nicht wahr?« Mama und Papa bekamen regelmäßig Streit miteinander. Papa war der Meinung: »Lass ihn doch. Er ist ein Kind. Wen interessiert es, was er für Kleindung trägt?« Mama sah das ganz anders: »Unmöglich! Er spinnt doch. Was denken denn die Leute, wenn er immer in dem schmuddeligen Anzug um die Ecke kommt? Er muss lernen, sich zu fügen.«

Die Mücke verscheuchen

Das Bild von der Mücke und dem Elefanten hilft mir aufzuspüren, welchen Einfluss ein Verhalten auf die Entwicklung des Kindes hat. Wie wirkt sich das Verhalten auf seinen Charakter aus? Was braucht das Kind? Was lernt es in dieser Situation für sein Leben?

Tino schadet sich nicht. Er wird mit seinen Gefühlen und Gedanken wahrgenommen. Es ist für seine weitere Entwicklung nicht hinderlich, eine Zeit lang im Feuerwehranzug herumzulaufen. Die Eltern haben es hier mit einer Mücke zu tun, die sie nach einiger Zeit verscheuchen können. Jede Feuerwehrphase hat ein Ende.

Mein Neffe hatte mal eine Phase, in der er sich akribisch für Waschmaschinen interessierte. Mit vier Jahren bat er um Fotos von den Waschmaschinen der Familie und legte dafür ein Album an. Er war bestens mit Fachwissen über Stromverbrauch und Schleuderdrehzahl ausgestattet. Seltsam fanden wir es alle. Für seine Eltern war das mehr als einmal Anlass, sich über Mücke und Elefant Gedanken zu machen. Sie haben es geschafft, ihm diese Nische zu lassen. Heute ist er ein wundervoller junger Mann und hat deutlich mehr Themen, die ihn begeistern.

Unsere Tochter ist die schon angedeutete Hosenverweigerin. Von ihrem zweiten Lebensjahr bis heute weiß sie sehr genau, was »wehtut« an Kleidung und was erträglich ist. Röcke gehen gar nicht. Und Hosen nur mit Gummizug. Für mich war das ein Riesenthema, ein Elefant. Ich habe es so empfunden: Das Kind weigert sich, mir zu trauen. Ich habe ja schließlich die Kleiderauswahl für sie in den Schrank gelegt.

Meine Reaktionen haben in dieser Zeit sicher nicht dafür gesorgt, dass sie einen sicheren Raum hatte. Im Gegenteil: Ich habe sie in den täglichen Auseinandersetzungen verunsichert. »Nein, diese Hose gibt es heute nicht. Du kannst ruhig schreien! Die tut nicht weh. Stell dich nicht so an.« Ihre Fehlermeldung »Da stimmt was nicht mit der Hose.« wurde von mir ignoriert. Ich habe ihr diese Wahrnehmung abgesprochen. Kein gutes Trainingsfeld für sie, um im Leben klarzukommen. Erst als sie älter wurde und ich besser spüren konnte, was Mücke oder Elefant ist, konnte ich ihren Stil gut aushalten und auch gutheißen. Ich habe mich leider zu spät gefragt: Schadet es ihrer Charakterbildung, wenn sie in Gummizughosen durchs Leben geht? Bis heute hat sie das Gefühl, wir als Eltern mögen ihren sportlichen Stil nicht. Ich weiß, woher diese Unsicherheit kommt.

Wir haben auf diesem Weg gelernt, Kompromisse zu schließen. Für große Feste bitte ich sie vorher um ein passendes Outfit und sie lässt sich darauf ein.

Den Elefanten bändigen

Und Jella? Mein Gedanke beim Kennenlernen des Kindes war: Hier sind Eltern, die ganz sichere Schutzräume für ihr Kind anbieten möchten. So sicher, dass Jella gelernt hat, dass sie die Welt außen nicht allein erleben kann. Sie testete das Schweigen und hatte Erfolg. Aus der Mücke wuchs ein großes und bestimmendes Thema. Ein Elefant. Jella empfindet eine trügerische Sicherheit, wenn die Eltern »übersetzen«, was sie nicht ausdrücken kann und will. Ihr wird alles ermöglicht, sie braucht nur zu schweigen. Es ist wichtig, dass sie übt, auch außerhalb des häuslichen Schutzbereichs auszudrücken, was sie will. Um diesen Elefanten zu bändigen, kann Mama beim Reden den Rücken mit der Hand stärken, aber nicht sprechen. Was für mich ein Elefant ist, kann für andere Familie eine kleine Mücke sein. Ich bin sofort verspannt und wittere Schwierigkeiten, wenn mein Kind über Freundschaften jammert. Dafür macht es mir nichts aus, dass Kinder bei uns allein für ihre Art von Ordnung in ihrem Zimmer zuständig sind. Das wiederum macht meiner Freundin richtig Kummer. Jeder hat das Recht auf seine Mücken. Nur Elefanten will ich in meiner Familie überschaubar halten.

???

- Welche Themen sind bei meinem Kind gerade eine Mücke? Was schon ein Elefant?
- Wie wollen wir auf unser Kind reagieren, wenn es sich speziell verhält?

- Was können wir gelassen sehen und als Phase einschätzen?

VERKNÜPFUNGEN

Niko ist drei Jahre alt und geht mit seiner Mutter Lina in eine Eltern-Kind-Spielgruppe. Niko weint viel und oft. Er möchte seine Schuhe selbst ausziehen, aber seine Mutter – ins Gespräch vertieft – zieht ihm die Schuhe aus. Er beginnt zu weinen und lässt sich von niemandem trösten, beruhigen oder ablenken. Lina ist rat- und sprachlos. Schweigend sitzt sie neben dem weinenden Kind und hat keine Idee, was ihm helfen kann. Es ist, als habe er sich angewöhnt, dass die Beziehung von Mutter und Kind so läuft. Es ist wie ein Gesetz. Kommt der Vater oder jemand Fremdes dazu, lässt er sich irgendwann trösten oder ablenken. Lina fragt sich: »Kann ich in dieser verfahrenen Situation Niko neu erreichen?«

Ich staune immer wieder über die Fähigkeiten des Gehirns. Es ist ein leistungsfähiger Prozessor mit über 86 Milliarden Neuronen, die eifrig Informationen und Botschaften hin- und hersenden. So weiß ich, dass meine Nase juckt oder dass ich etwas Bewegendes höre. Mich fesselt die Tatsache, dass Gott der Produzent dieser faszinierenden Konstruktion ist.

Viele Verknüpfungen sind unser ganzes Leben lang wertvoll und werden durch Kleinigkeiten wie das Schaukeln in den ersten Lebensjahren gelegt. Das Baby wird hin- und hergeschaukelt und im Gehirn macht es »Zong!« und schon ist eine neue Neuronen-Verbindung gelegt. Auch die Berührung der Haut lässt Verbindungen zwischen Neuronen entstehen und macht streng genommen schlau. Denn unser Gehirn liebt es, viele dieser Verbindungen zu haben und später zum Denken, Lernen und Behalten nutzen zu können. Wer also seine Einkaufsliste im Kopf hat, wenn er den Zettel vergessen hat, kann sich bei den Neuronen bedanken. Und auch bei den Menschen, die dafür gesorgt haben, dass im Gehirn Verbindungen hergestellt wurden.

Stellen wir uns ein Klassenzimmer vor: Wir sitzen neben unseren Freunden, mit denen wir verbunden sind und kleine Briefchen hin- und herschicken. Einige aus der Klasse sind uns nicht so bekannt, obwohl sie mit uns durch die gesamte Schulzeit gehen. Ihnen wird keine Geburtstagseinladung zugesteckt, sie werden auch nicht zum Spielpartner in der Pause. Andere lernt man mehr und mehr kennen. Man teilt den Radiergummi oder das Pausenbrot und tauscht Hausaufgaben aus.

Die Neuronen in unserem Gehirn sind wie Banknachbarn im Klassenzimmer. Werden im Gehirn Informationen hin- und hergesendet, vertieft sich die Beziehung und eine Reaktionskette entsteht. Diese Reaktionskette nutzen die Neuronen gerne wieder. Was bekannt ist, wird genutzt. Besonders faszinierend ist, dass Gott Spaß daran hatte, immer wieder unsere Sinne ins Spiel zu bringen. Wird ein Kind gestreichelt, hört dabei eine Musik und sieht den Vater an, wird diese Kette als positiver Moment abgelegt. Ganz vereinfacht gesagt, können wir also Glück ablegen im Hirn unseres Kindes. Hört es dieses Lied erneut, gibt die Erinnerung an diesen wohligen Moment die Kette frei und die Beziehung zum Vater wird immer und immer wieder gestärkt – ohne sein aktives Zutun.

Autobahn

Für mich ist das eine begeisternde Feststellung. Ich habe es geliebt, unsere Kinder mit vielen Sinnen in Berührung zu bringen, um ihr Gehirn anzuregen. Gerade die Berührung der Haut lässt nach, wenn das Kind älter wird. Während man mit einem Windelhopser noch recht viel kuschelt, ist ein Schulkind schon schwieriger für Körperkontakt zu begeistern. Viele Eltern ziehen sich auf das Sprechen zurück, aber das lässt die Chance aus, die positiven und glücklichen Momente (Ketten) abzurufen. Ein Schulkind zum Kuscheln zu drängen, ist aber auch keine gute Idee, besonders hinsichtlich der Vorbeugung von körperlichen Übergriffen. Das Kind soll ja lernen, bewusst zu wählen, welche Berührungen es zulässt und wie es Nähe wohltuend findet.

Wenn die Kinder älter werden, müssen wir also andere passende Begegnungs- und Berührungsformen finden. Bei uns war es lange das Eincremen oder Massieren oder das Malen von Bildern auf dem Rücken. Dabei lief Musik im Hintergrund, und ich habe die Chance genutzt, unseren Kindern zu sagen, wie wundervoll sie sind und wie gut es ist, dass wir Familie sind. Werden diese Neuronen wieder und wieder genutzt und belebt, werden sie zu starken Datenbahnen. Fast wie eine gut ausgebaute Autobahn. Werden sie nicht mehr genutzt, verkümmern sie zu wenig genutzten Nebenstraßen.

Auch die Reaktionen auf erste Misserfolge eines Kindes sind für das Gehirn eine Möglichkeit, eine Kette anzulegen. Mir erzählte ein Mann, dass er als Kind mit einem Glas Birnen die Kellertreppe hinaufgefallen war. Seine Eltern machten ein Drama um die guten Birnen. Seine blutenden Hände beachteten sie nicht. Diese Erfahrung hat in ihm eine Kette angelegt. Spätere Erfahrungen wurden wieder und wieder auf diese Verbindung gelegt: »Sei vorsichtig, noch vorsichtiger, damit dir nichts mehr passiert!«, sagte er sich immer wieder. Für diesen Mann ist es sehr schwer, sich wertvoll zu fühlen und vertrauensvolle Beziehungen aufzubauen. Wenn heute etwas misslingt, fühlt er genau diese Kette erneut: »Warum bist du so ungeschickt! Sei doch vorsichtiger!« Diese Geschichte war für mich ein Anreiz, den Kindern Begleiter zu sein, und auch wenn ihnen etwas misslingt zu schauen, wie ich reagieren kann, damit sie selbst auf neue Reaktionsideen kommen.

Reaktion gefragt

Bei Niko ist so eine Kette schon angelegt. Er hat das anhaltende Weinen als Straße ausgebaut. Hier helfen die zwei Fragen: Was braucht mein Kind? Was lernt es aus meiner Reaktion?

Niko braucht vielleicht das Gefühl, gesehen zu werden. Er will seine Schuhe selbstständig auszuziehen, und seine Mutter hat das nicht wahrgenommen. Damit sie ihn wahrnimmt, hat er ein Mittel entdeckt: weinen. Er hat sein Leben lang auf die Brüllhöchststufe die Höchststrafe bekommen: keine für ihn spürbare Reaktion. Niko merkt sich: Ich werde nicht gehört. Ich bin ein Nichts. Meine vertrauten Sicherheitsberater sind außer Dienst.

Kinder, die sehr ausdauernd weinen, haben zwei Motivationen: Zum einen suchen sie Kontakt zu einer schweigsamen Mutter oder einem schweigsamen Vater. Sie erbitten mit dem Weinen eine Reaktion, einen bewussten Blick und auch ein »Ich bin für dich da!«. Gerade sehr stille Väter und Mütter sind für Kinder schwierig zu »lesen«. Kinder brauchen klare Reaktionen: Unwillen, Begeisterung, Zustimmung oder Ablehnung. Kinder, die das nicht erfahren, drehen oft mit Weinen oder Wutausbrüchen auf. Das seufzende Reden über das Kind hilft dem Kind dabei nicht. »Ach Niko, was mach ich bloß mit dir? Guck mal, alle spielen und du schreist und schreist!« Es ist für Eltern und Kind hilfreich, immer den gleichen Satz zu sagen und stetig zu wiederholen. Dieser Satz kann zum Beispiel sein: »Du kannst jetzt aufhören zu weinen und mir zeigen, was wir spielen können.« Oder bei älteren Kindern: »Wenn du dich beruhigst, kannst du mir sagen, was ich für dich tun kann.«

Die zweite Motivation für ausdauerndes Weinen kann sein, dass das Kind verstanden hat: Wenn ich lange weine, bekomme ich, was ich will. Wer sein Leben lang brüllt und immer sofort einen Schnuller oder etwas zu essen bekommt, der merkt sich: Ich muss brüllen, dann bekomme ich etwas.

Lisa arbeitet in einer Kinderkrippe. Der zweijährige Leon hat fast den ganzen Tag geweint. Zu Hause weint er auch sehr viel. Die Mitarbeiterinnen bespielen ihn, schaukeln ihn, und irgendwann wird die Mama angerufen. Er weiß: Mein Weinen macht Sinn. Lisa fragt die Mutter: »Wann hört er auf zu weinen?« Die Mutter druckst herum: »Erst wenn er vor dem Fernseher sitzt! Leon will immer fernsehen. Wenn er so lange brüllt, werde ich irgendwann weich.« Die Bedürfnisse eines Kindes zu sehen, ist wichtig. Dem Kind zu helfen, ein »Nein!« zu akzeptieren, auch. Manche Kinder weinen deshalb ausdauernd, weil sie gelernt haben: Meine Eltern finden ihr »Nein!« nicht so wichtig.

Als Leon wieder einen Tag in der Krippe so viel weint, entscheidet Lisa: »Ich nehme ihn mit in den Garten. Er kann im Kinderwagen sitzen und weinen!« Zu dem Jungen sagt sie ruhig: »Du darfst auch weinen. Wenn du dich beruhigst, gehst du rein und darfst spielen. Ohne weinen!« Draußen beginnt Lisa zu fegen, und nach wenigen Minuten hört der Junge auf zu weinen. Die Mutter ist erstaunt, als Lisa ihr später davon erzählt. Besonders, dass der Junge den ganzen

Tag fröhlich gespielt hat, wundert sie. Seufzend nimmt sie Leon in den Arm: »Das klappt leider bei uns nicht. Ich bin nicht so stark wie Sie.«

Weinen oder anhaltende Wutausbrüche gehören zum Ich-Werden dazu. Sie sind notwendig. Unsere Reaktion als Eltern trägt ihren Teil dazu bei, dass das Kind lernt, mit Gefühlen klarzukommen. Diese Reaktion legt eine Neuronenkette, die immer wieder genutzt wird.

Angst-Kette

Unsere Tochter Rieka hatte einmal eine Reaktionskette, die uns sehr deutlich wurde. Sie hatte eine Angst, die sich nicht überwinden ließ. Passend zum Alter eines Kindergartenkindes brauchte sie klare und sichere Alltagsbedingungen und war mit Veränderungen oft unglücklich. Nun sollte sie zum Zahnarzt gehen. Aber sie ließ den Mund zu. Er war wie zugeklebt. Reden, Versprechungen, Schimpfen – nichts half. Das wiederholte sich bei weiteren Terminen trotz der passenden Bilderbücher, die wir täglich zur Vorbereitung lasen. Mich hat besonders beschäftigt, dass ihr Vertrauen zu uns offensichtlich nicht reichte, um uns zu glauben, dass der Arzt zunächst nur schauen würde.

Schon vor dem Zahnarztbesuch hatte sie einige Versuche gemacht, sehr mutig zu sein, die für sie misslungen waren. Sie hat starke Hürden beim Schwimmenlernen überwinden müssen. Reiten und Segeln hat sie begeistert begonnen, dann aber nicht geschafft, ihre Angst zu überwinden. Immer wieder hatten wir also Hinweise auf dieses Thema, auf diese Kette, auch wenn uns bis heute nicht klar ist, wann sie in ihr gegründet und verankert wurde. Unser Satz in Kuschelzeiten war beim Schwimmenlernen oder

Reiten immer wieder: »Du bist eine starke Kämpferin. Du kannst Dinge tun, auch wenn dein Bauch Angst hat. Du schaffst alles, was du willst!« Manchmal kroch in meinem Hals ein dicker Kloß voll Sorge und Unsicherheit hinauf, wenn die kleine Maus sich selbst so quälte. Meine Hilflosigkeit mündete oft in einem Segen, den ich bis heute über ihr ausschütte.

Irgendwann aber in der frühen Grundschulzeit trat eine Veränderung ein. Rieka hat diese begrenzende Neuronenkette nicht weitergenutzt und nicht weiter ausgefahren. Sie hat eine neue angelegt. Das Anlegen der neuen Kette ging in kleinen Schritten vor sich: Sie lernte zum Beispiel mehr und mehr, ihre Angst früh zu nennen und sich doch weiter dem Thema zu stellen. Erst tastend und zögernd – so hat sie zum Beispiel zwar keinen Schwimmkurs mit Seepferdchen-Abzeichen absolviert, ist aber gern mit uns zum Schwimmen gegangen. Rieka überraschte uns damit, dass sie ihre Angst und ihre Erfahrungen im Lauf der Zeit schrittweise ablegte. Es ist, als rufe sie die Ermutigungen, die sie früher von Menschen gehört hat, erst jetzt ab. Die Gedankenkette führt nicht mehr zur totalen Angstblockade, sondern zum Erspüren des Unwohlseins. Seit sie sechs Jahre alt ist, hat sie immer wieder gute Ideen entwickelt, um alternative Wege zu finden. Sie verabredet sich zum Beispiel zu Kursen oder übt so lange Inliner, bis sie ganz sicher ist. Wie diese Reifung einsetzte? Wir wissen es nicht. Wir sind aber sicher, dass jeder von uns alte, begrenzende Denkmuster ablegen und erneuern kann.

Hinhören und lieben

Was mich bei der Zahnarztstory besonders traurig machte, war die Bemerkung des Zahnarztes: »Na, Sie haben Ihr Kind aber gar nicht im Griff. Haben Sie so eine schlechte Beziehung?« Ich habe mich von diesem Satz aufscheuchen lassen. Mich durch diese Verunsicherung fokussiert auf das böse Kariesding in ihrem Mund. Wir waren uns als Eltern sicher, unbedingt das Richtige zu tun: nämlich ein gepflegtes Gebiss, das von drei kariösen Zähnen bedroht war, zu retten. Wir mussten das Kind in den Griff bekommen zu seinem Besten. Heute denke ich: Wir hätten hinhören und sie lieben und kuscheln sollen. Ihr und uns eine Pause gönnen. Üben, einander zu genießen und dadurch auch zu vertrauen. Elternsein ist so stressig, wenn man funktionierende Kinder haben will.

Diese Zahnnummer war sehr schwer für mich. Ich habe zum ersten Mal verstanden, wie wenig ich in die Persönlichkeit des Kindes eingreifen kann. Eingreifen kann ich nur, indem ich gute Grundlagen lege, eine Vielzahl an Reaktionen anbiete und vorlebe. Rieka hat uns später berichtet, warum sie den Mund nicht öffnen konnte. Sie mag keine Zitrone, und die kurze Zahnreinigung vorher war zitronig. Sie hat das dem Arzt gesagt: »Uii, das schmeckte doll nach Zitrone!«, und er hat geantwortet: »Nein, kein bisschen!«. Für sie war es nach diesem Dialog schlüssig, den Mund nicht mehr zu öffnen. Wir haben uns entschuldigt für unseren Ton, unseren Druck und unser verletzendes Verhalten – bei Rieka und bewusst auch vor Gott.

???

- Welche Worte und Lieder nutze ich, um positive Grundgefühle zu legen?
- Welche Ketten bildet mein Kind gerade? Wo braucht das Kind eine Bandbreite an neuen möglichen Reaktionen, um mit beängstigenden Situationen umzugehen?
- Welche Gedankenketten kenne ich von mir?

- Kinder lieben Wiederholungen. Gerade im Alter von einem bis fünf Jahren brauchen sie bis zu 1 000 Wiederholungen, um im Gehirn Vernetzungen zu aktivieren. Bei all den Neuheiten, die Kinder in der Welt entdecken, geben wiederholte Lieder, Bücher oder Rituale ein gutes Grundgefühl von Geborgenheit. Diese Wiederholungen sind für Erwachsene manchmal schwer zu ertragen. Wenn ein Zweijähriger tausendmal das Licht an- und ausschaltet, kann das die Nerven sehr strapazieren.

KLARE BOTSCHAFTEN

Melina (4) zappelt am Esstisch herum. Eine Portion Möhren ist schon unter dem Tisch gelandet. Ihrem Vater Tobias ist es wichtig, dass Melina lernt, mit einigen Tischregeln gepflegt zu essen. Gerade erzählt Melina von dem Wal, den sie im Kindergarten gebastelt hat. »Soooo groß ist er geworden!« Mit der kleinen Hand fegt sie das Glas Wasser um. Die Fischstäbchen werden gebadet. Tobias will ruhig bleiben, aber er wünscht sich so sehr mal eine Mahlzeit ohne Aufwischen. Er spürt den Ärger in sich hochschießen: »Mann, Melina! Zapple nicht so rum! Immer passiert dir das. Ich find's total doof! Man fegt nicht so mit den Händen über den Tisch. Und nie sitzt du still!« Melina sieht ihren Papa mit großen Augen an. »Guck nicht! Hol halt ein Tuch!«, knurrt er sie an. Melina steht langsam auf. Sie guckt ihren Papa ratlos an. Das dauert Tobias zu lange. »Oh Mann! Erst nicht still sitzen und dann noch zu schwer von Begriff, um ein Tuch zum Aufwischen zu holen...« Als die Wasserpfütze beseitigt ist, essen alle weiter. Tobias hat ein schlechtes Gefühl, weil er seine Tochter angeherrscht hat. Immer wieder kommt es zu diesen Situationen. Melina scheint das ganz egal zu sein. Schon wieder steht sie neben dem Stuhl statt zu sitzen. »Melina, man steht nicht beim Essen!« Erst nach einigen Diskussionen sitzt sie wieder. »Wie machen das andere Eltern?«, denkt Tobias erschöpft. »So macht eine Mahlzeit doch keinen Spaß!«

Was das Gehirn nicht so gut aufnehmen und umsetzen kann, ist das »*nicht*«. Gerade für meinen täglichen Kampf mit drei quirligen Kindern zwischen zwei und sieben Jahren war dieses Wissen sehr hilfreich. Wenn ich sage: »Stell dir ein Meer vor, auf dem *kein* Boot ist«, malt das Gehirn vor meinem inneren Auge das Meer und das Boot und nimmt dann das Boot aus dem Bild heraus. Nachdem uns das bewusst wurde, haben wir geübt, die Informationen an unsere Kinder »gehirnklar« auszudrücken. Anstelle ihnen zu sagen, was sie *nicht* tun sollen, versuchen wir auszudrücken, was sie tun sollen:

- »Lauf nicht weg!« wurde »Bleib hier!« oder »Stopp!«
- »Auf dem Parkplatz wird nicht gerannt!« wurde »Hier parken und fahren Autos. Bleib dicht bei mir!«
- »Schneid dich nicht!« wurde zu »Sei vorsichtig mit dem Messer!«
- »Zapple nicht!« wurde zu »Sitz bitte still auf dem Stuhl!«
- »Beiß nicht!« wurde zu »Lass den Mund zu!«

Der letzte Satz klingt vielleicht lustig, war aber ein Notfall-Satz, der entstanden ist, als mir kein guter Ersatz für den »Nicht-Satz« einfiel und Tarik (2) seine Freunde wieder mal zum Fressen gern hatte …

Oft höre ich, wie Eltern ihrem Kind sagen: »Nerv nicht!« Dabei ist es doch verständlich, dass Kinder mit dieser Aussage nichts anderes anfangen können, als weiter herausfordernd zu sein. Was wird aus »Nicht schon wieder weinen!«? Oder: »Nörgele nicht so rum!«?

Wiederholungen

Mein Mann hat eine Zeit lang vor dem Besuch von wuseligen Märkten oder Events und sogar vor dem Einkauf im Discounter im Auto wiederholt: »Wir bleiben zusammen. Bei Stopp bleiben wir sofort stehen. Wir sehen uns alle Dinge nur mit den Augen an (nicht mit den Fingern). Wir achten gut aufeinander!« Zunächst kam er mir vor wie ein Pilot und ich lauschte, ob noch die Wetterbedingungen des Zielsupermarktes genannt würden. Später jedoch habe ich verstanden, dass er durch seine Worte eine Neuronenautobahn gelegt hat. Eine Kette, die durch Wiederholungen immer stärker und belastbarer wurde. Die Kinder haben die Infos später sogar mitsprechen können. Ich könnte ja mal aus Spaß bei den Teens den Versuch starten, ob sie noch präsent sind. Nächstes Mal vor dem Ikea ...

Gerade Kindergartenkinder lieben Wiederholungen. Sie brauchen sie und rufen sie ab, um die vielen feinen Verästelungen in ihrem Gehirn ausbauen zu können. Wir haben auch gute Erfahrungen mit dem Wiederholen von Tischregeln gemacht: »Wir essen zusammen. Wir hören uns zu. Wir probieren von allem einen Bissen. Wir sitzen am Tisch. Wir sagen Gutes über das Essen und zueinander. Wir essen mit geschlossenem Mund.«

Diese Aufzählung ist ein Teil unserer Familie und könnte in anderen Familien ganz anders aussehen. Die gelegte Gehirn-Autobahn hat nach den ersten sechs Lebensjahren ausgeglichene Kinder ermöglicht, die wissen, wie der Alltag abläuft. Solche Vernetzungen im täglichen Leben zu knüpfen, lohnt sich. Sie bedeuten zwar sechs Jahre Arbeit, vereinfachen aber die weiteren 15 Jahre des Familienlebens.

Wenn manche Sätze immer wieder fallen, nutzt das Gehirn die gleichen Ketten zur Weitergabe der Informationen. Unserem Kind Gutes zu sagen und es dabei zu berühren, ist daher eine unbedingt wichtige Investition. Diese Sätze könnten so heißen:

- Ich bin gern mit dir zusammen, mein Sohn.
- Ich mag, wie du erzählst! Ich höre dir gern zu.
- Ich bin gerne deine Mutter, mein Kind.
- Ich habe dich sehr lieb, ich bin so froh, dass du mein Kind bist.
- Du bist wunderschön, ich mag deine Augen, wenn du lachst.

Mein Sohn sagte mal: »Du sagst so was immer, Mama.« Ich meinte einen genervten Unterton zu hören: »Gefällt es dir nicht?« »Doch!«, kam mit einer Umarmung die Antwort: »Es ist ja dein Job, mich zu lieben. Und das weiß ich nach all deinen Wiederholungen ganz, ganz sicher.«

Unsere Tochter erwidert oft, wenn ich ihr sage, dass sie sie liebe: »Ich weiß.« Am Anfang hat mich das verwirrt, denn es kam kein programmgemäßes »Ich dich auch!« zurück. Irgendwann wurde mir klar: Es ist eine gute Lebensgrundlage. Sie weiß, dass wir als Eltern sie lieben. Mein Mann hat als Vater diese Grundlage gelegt. Er hat den Kindern direkt bei der Geburt gesagt, wie wundervoll sie sind. Er sagt mir täglich, dass er mich liebt, und auch den Kindern, dass er sich über sie freut, sie lieb hat. Und er meldet zurück, wo er vor Stolz fast platzt. Er hat in mir eine Autobahn gelegt, die mir bis heute hilft, gute Worte zu sagen, auch wenn sie mir von meiner Grundprägung nicht als Kette gelegt worden sind.

Reaktionsmuster

Viele Kinder hören, dass sie nerven oder »falsch« sind. Sie kennen ihren Namen nur gestöhnt oder gemeckert. Ich habe auch oft Tage, an denen ich die Kinder anzische und nicht mit ihnen in einem Raum sein kann, weil meine Kraft nicht reicht.

Die Neuronenautobahnen gibt es auch mit negativen Schleifen. Wenn ich sauer und gereizt bin, äußere ich wiederkehrende Seufzer und Klagen. Es läuft ab wie in einem inneren Programm: Ich bin auf der Autobahn. Ich kenne von mir den Satz: »Alles muss ich alleine machen.« Ich bin auch meinen Kindern gegenüber dann sehr ungnädig und schimpfe: »Wie soll ich das alles schaffen? Jetzt habe ich nach deinem heruntergefallenen Honigglas auf dem Boden noch mehr zu tun. Steh da nicht rum! Hilf mir!« Diese Autobahn wird von mir und gleichzeitig von den Kindern mitgenutzt. Ich nehme sie mit und lege ähnliche Gedankenwege. Schon wenn unsere Kinder im Kindergartenalter sind, können wir unsere Reaktionen im Rollenspiel wiedererkennen. Kinder lernen so unsere Art von Lebenseinstellung kennen. Sie spielen uns nach. Lana ist zwei und spielt mit ihrem Teddy. Plötzlich stampft sie auf und schimpft und rauft sich dabei die Haare. Die Worte sind unverständlich, aber der Tonfall gibt einen ungnädigen Moment der Mutter wieder.

Ich liebe es, wenn unsere Kinder von der Schule kommen, ihnen bewusst zu sagen: »Schön, dass du da bist!« Eine Freundin hat Timna mal erzählt, dass ihre Eltern nie etwas zur Begrüßung sagen und auch nicht, wenn sie gehen. Sie hat diesen harmlosen Satz sofort als außergewöhnlich erspürt. Worte mit einer kleinen Berührung, einem Blick oder einem guten Moment zu verbinden, ist äußerst wirkungsvoll. Das verbindet uns mit unserem Kind und ist eine Investition in die Zeit, in der Teens keine Nähe mehr suchen wollen. Aus meiner Sicht hat mir diese Investition mit Worten, Blicken und Gesten als Mutter sehr geholfen. Ich bin verbunden mit meinem Kind – ganz ohne Druck und Zwangstermine.

???

- Welche Sätze kann ich anders formulieren, um das »Nicht« zu vermeiden?
- Welche Familiengrundregeln kann ich positiv ausdrücken, damit sie zu wichtigen Routinen werden?
- Welche wiederkehrenden Sätze und Schimpfereien gibt es bei mir und uns?

!!!

- Für explosive Tage mit dauernörgelnden Kindern und wenig mütterlicher Geduld habe ich mir einige gute Sätze in den Küchenschrank gehängt. Eine Art Spickzettel mit guten Worten. Ich bin vor lauter Anspannung manchmal nicht mehr darauf gekommen, was ich Gutes sagen kann.

NUR DAS BESTE?

Wir sitzen mit einigen Eltern in einem Seminar. Bei einer Gesprächsrunde wird die Frage gestellt: »Was wünschst du deinem Kind?« Ich denke: »Lachen!«, und mag meine trivial erscheinende Antwort nicht laut sagen. »Ich will nur das Beste für mein

Kind«, sagt Paul bestimmt. Andere Eltern folgen: »Ich wünsche meinem Kind ein glückliches Leben.« »Ich wünsche meinem Kind viel Erfolg und Gesundheit.« »Glück, viel Glück...«

Viele von uns werden von einem Wunsch, einer Idee angetrieben, wo wir unser Kind in 30 Jahren sehen. Und das ist in der Regel eher in der Bank als auf einer Isomatte vor der Bank. Unsere Wünsche sind berechtigt, und doch brauchen unsere Kinder mehr Horizont als »Glück«. Denn was ist, wenn das Leben sich von der unfreundlichen Seite zeigt? Was ist mit dem, der Gesundheit als Ziel für sein Leben hat, aber dann krank wird? Ist das Leben dann sinnlos? Hat es an Wert verloren? Ist das Kind dann »schuld«, weil es Kummer macht, Termine bei Beratern oder Ärzten folgen und viele Fragen quälen?

Julianna hat ein anderes Tempo als andere. Als sie zwei Jahre alt war, bekam sie Gehirnkrämpfe. Ihre Eltern mussten die Diagnose verkraften, dass ihre Tochter nie gehen lernen wird. Im Gegenteil. Ihr Muskeltonus wird immer weiter zurückgehen. Ist dieses Kind weniger liebenswert? Juliannas Mutter berichtet, dass immer wieder Eltern zu ihr sagen: »Das könnte ich nicht!« Sie ist dann traurig über die Mischung aus Bewunderung und Abscheu, die in dem »das« mitschwingt. Mit viel Wut fragt sie manchmal zurück: »Was könntest du nicht? Lieben?«

Was ist mit Eltern, die ihrem Kind Erfolg wünschen und erleben müssen, dass das Kind nicht studieren kann, weil es die Leistungen nicht erbringt? Ist das Kind ein Fehler? Weniger wert? Ist das Lebensziel verfehlt?

Träume für unsere Kinder können enttäuscht werden – auch durch die Persönlichkeit unseres Kindes. Eine Mutter hat mir einmal erzählt, wie sehr sie die Begabungen ihres Kindes ablehne und sich damit quäle, dass ihr Sohn so wenig hübsch anzusehen sei.

Ziele formulieren

Worauf richte ich mein Leben aus? Welche Ziele setze ich mir und meinen Kindern? Mögliche Antworten können sein: »Ich wünsche meinem Kind, dass es aus der Geborgenheit, die es bei uns erlebt, stark wird für sein Leben.« Oder: »Ich wünsche mir für mein Kind, dass es immer weiß, dass Gottes Liebe gilt.« Vielleicht auch: »Ich wünsche meinem Kind, dass es so viel Vertrauen in sich und in Gott hat, dass es gute Zeiten genießen und harte Zeiten durchstehen kann.«

Solche Ziele sind wichtig. Denn sie motivieren uns zum Handeln. Ziele können wie Markierungen dienen. Zwischen diesen Eckpfeilern bewegen sich Eltern in der Erziehung. Die Grundlinien helfen, in Herausforderungen immer wieder die Orientierung zu finden. Ohne diese Markierungen können Eltern schnell vom kindlichen Verhalten überrascht sein oder sich in Krisensituationen überfordert fühlen. Sie können die Kinder in Stresssituationen vielleicht sogar als »Gegner« oder als »misslungen« empfinden. Manche beschreiben, dass sie oft selbst nicht mehr wissen, was sie tun sollen, wenn Kinder scheinbar frech, ungehorsam oder lieblos sind. Sie haben dann das Gefühl, dass die Kinder ihnen »entgleiten«.

Durch Ziele können Eltern sich auf unterschiedliche Situationen vorbereiten. Sie können sich dafür entscheiden, die Momente des Glücks bewusst zu genießen und sich dennoch Gedanken über die Entwicklung ihres Kindes zu machen. Aus unseren Zielen leiten wir konkrete Regeln für das Leben miteinander ab und hoffen, dass die Kinder ihren Weg gehen lernen. Egal, ob sie dabei unsere Tischmanieren, den Umgang mit Medien, mit Menschen oder mit vollwertigem Essen beherzigen. Wir geben es ihnen als Projektionsfläche für ihre Ideen mit. Dabei dürfen Eltern sich darauf konzentrieren, ihre Ziele als Alltagsregeln in die Persönlichkeitsentwicklung einzubringen. Zunächst fest an der haltenden Hand – voller Zuwendung und Geborgenheit. Dann immer mehr als Unterstützer und Begleiter.

???

- Wie könnte ich ein Ziel für das Leben unseres Kindes formulieren, das auch im Scheitern Halt gibt?

DAUERBAUSTELLE »ICH«

Ich war sechs Jahre alt, da hab ich plötzlich gemerkt: Nie werden meine Ideen in der Pause gespielt, sondern immer die von Wiebke. Das hat mich zerfressen und sehr irritiert. Leider hat Wiebke auch noch irgendwann doofe Sprüche zu mir gemacht, sodass ich mit acht Jahren »wusste«, dass ich kein bisschen sportlich bin. Aber was bin ich dann?

Wer bin ich? – Diese Frage ist eine der Kernfragen für die Entwicklung eines Menschen. Kinder bis zum Alter von vier Jahren sind in ihrem Ich sehr entspannt. Sie leben, zeigen ihren Ärger, wollen haben und wollen sein. Sie finden sich großartig und schön. Sie haben direkten Zugang zu ihrem Erleben und können es noch nicht steuern.

Dann erreicht das Kind die Erkenntnis, dass es anderes ist als andere Menschen. Es wird anders von der Erzieherin gelobt als der süße Tom. Es wird anders angelächelt als die kleine Jenna. Es wird anders bestraft als ... Nicht umsonst sind Kindergartenkinder mit fünf Jahren oft sehr unausgeglichen und wie ein wandelndes Pulverfass. Die vielen Erlebnisse der letzten Jahre haben auch Informationen zu seiner Identität und Persönlichkeit geliefert und formen dabei ein Grundgefühl für sich selbst: mutig, ängstlich, beobachtend, langsam, lustig. Nicht immer geht das Erkennen der Unterschiedlichkeit zu anderen mit Gelassenheit vonstatten. Kinder testen ihre Umwelt, um ihren Wert und ihre Stellung bei Menschen näher kennenzulernen. Das Kind zickt und nörgelt, um sich die Rückmeldung geben zu lassen: Du bist wichtig und wundervoll. Eine schwer lösbare Spannung für Eltern.

In den ersten Grundschuljahren stellen sich schließlich Fragen wie: Bin ich cool? Gilt das, was ich sage? Oder bin ich mehr Zuhörerin, Beobachterin? Damit ist oft eine erste große Trauer verbunden. Wie bei mir, als ich bemerkt habe, dass meine Spielideen nicht gut ankamen in der Pause.

In diese Zeit fällt auch das Suchen nach eigenen Stärken und Interessen: Welche Sportart macht mir Spaß? Welches Instrument kann ich lernen? Die Stärken und Begabungen des Kindes zu entdecken und zu fördern, ist wichtig. Noch wichtiger für ein tragfähiges Fundament ist aber, dass Eltern ihrem Kind helfen, Freundschaften zu leben und Selbstständigkeit auszuprobieren. Die Erfahrung eines Zeltlagers gehört aus meiner Sicht zum »Pflichtprogramm«. Wichtig sind auch Erfahrungen, allein mit dem Fahrrad zu einem Freund oder in die Stadt zu fahren. Oder erste Kochversuche, die Straße fegen, Telefonate erledigen ...

In der Pubertät bestimmen dann die Hormone die Ich-Baustelle. In dieser Zeit braucht das Kind Beziehungen – zu Erwachsenen und zu Freunden. An diesen Beziehungen kann man schon vorher

arbeiten. Es lohnt sich, immer wieder Nähe zu seinen Kindern herzustellen, ihnen zuzuhören, ihnen Liebe zu zeigen. Dafür eignen
sich exklusive Mama- oder Papa-Kind-Zeiten. Auch Rituale können
hier unterstützen.

Die Arbeit an der eigenen Persönlichkeit hört auch dann nicht
auf, wenn das Kind erwachsen ist. Sie ist eine Dauerbaustelle. Eltern
können viel dazu beitragen, dass hier eine gute Entwicklung der
Grundlagen stattfindet.

???

Diese Fragen können im Gespräch mit dem Kind helfen:

- »Was denkst du, kannst du gar nicht? Was gut?«
- »Was brauchst du, um dich besser kennenzulernen?«
- »Was würdest du gern mal ausprobieren?«

BLICK VON AUSSEN

»Sie ist so wundervoll!«, schwärmt ein Vater. Ich zucke innerlich und staune, wie begeistert er ist von seiner Tochter.
Ich bewundere ihn. Er sieht, was ich nicht sehen kann. Ich sehe,
was er nicht sehen kann. Und das ist leider ganz anders. Ich
erlebe das Kind eher als Herausforderung, da es keinen
Blickkontakt aufbaut, zappelig ist und aus meiner Sicht ein Problem mit dem Gehör hat. Und keiner hat es den Eltern gesagt?
Mich erschreckt der Dialog bis ins Mark, denn es macht mir
wieder mal bewusst, wie sehr wir auf die Rückmeldungen anderer zu unserem Kind angewiesen sind.

Wie sehe ich meine Kinder? Was sehen andere? Mir hat mal jemand gesagt, mein Kind würde so angestrengt wirken, so pflichterfüllt. Erst empfand ich diese Rückmeldung als verletzend, übergriffig und unpassend. Jahre später stellte sich heraus: Mein Kind schien wirklich an dem Angestrengten fast zu zerbrechen. An dem Wunsch, die Erwartungen als (Pastoren-) Tochter zu erfüllen.

Mir hat auch mal jemand gesagt, dass mein Kind professionelle Hilfe brauche. Uiii, was hab ich die Welle gemacht. Diskutiert, abgewehrt, Schuldige außerhalb des Systems gesucht.

Mein Kind ist wundervoll! Und es ist gut und dringend nötig, dass ich es so sehe. Das ist Gottes Idee von Liebe, dass ich begeistert von meinem Kind bin. Aber mein Kind darf wundervoll und herausragend bleiben, auch wenn ich Hilfe brauche – von Ärzten, Psychologen, Ergotherapeuten oder Seelsorgern. Auch wenn es anders reagiert unter Stress oder beim Einschlafen. Wenn es nicht sprechen lernt oder mit sieben Jahren immer noch nicht ruhig am Tisch sitzen und am Gespräch teilnehmen kann.

Nur eine Seite

Ich sehe vermehrt Familien, die allein bleiben. Familien, die die Reibung mit anderen nicht suchen. Das Kind ist in Kita und Ganztagsschule versorgt, und zu Hause ist dann Quality Time mit wenig Reibungsflächen durch Freunde oder andere Familien. Das Kind in der Auseinandersetzung mit anderen Kindern, beim Schubsen oder Schimpfen zu erleben, ist in diesen Zeiten rar. Die Eltern stehen somit in der Gefahr, nur eine Seite ihres Kindes zu erleben. Mir hat der Kontakt mit anderen Familien geholfen. Wir haben uns oft sonntags auf dem Spielplatz getroffen. Dort konnte ich miterleben, wie mein Kind sich verhält und mit anderen umgeht.

Eins unserer Kinder wollte lange seinen Schnuller. Noch als es drei Jahre alt war, lief es überall damit herum. Es war so praktisch für mich, das Kind still zu stöpseln. Eine Freundin hat mich darauf angesprochen und in Kauf genommen, dass ich beleidigt bin. »Du zahlst für diese Ruhe einen hohen Preis. Die Zungenmuskulatur erlahmt durch den Schnuller. Das Kind kann lispeln, es lernt erst spät zu sprechen. Und was viel wichtiger ist: Dein Kind lernt nicht, Spannungen auszuhalten und seine Bedürfnisse zu äußern. Alles wird weggedrückt durch den Seelentröster. Das Kind weiß nicht, wann es Nähe braucht oder Durst hat. Es will immer nur den Schnuller.« Ich gebe zu: Ich war beleidigt. Und ich muss auch zugeben: Unser Kind lispelt und hat bis zum Alter von sieben Jahren Logopädie gebraucht.

Wenn ich bereit bin, mich mit anderen Familien auseinanderzusetzen, habe ich die Chance, wertvolle Rückmeldungen zu meinem Kind, zu unserer Familie zu bekommen. Zugegeben, nicht immer sind diese Rückmeldungen hilfreich. Es ist notwendig, sie zu hinterfragen. Aber mein Gegenüber kann mir helfen, eine Ahnung zu bekommen, wie mein Kind noch ist – außer wundervoll.

???

- Wie verhält mein Kind sich in größeren Gruppen?
- Wo tut mein Kind sich schwer?
- Wie erreicht mein Kind meine Aufmerksamkeit?
- Wie akzeptiert mein Kind Grenzen oder Regeln von mir, von Fremden oder in Gruppen?
- Wer kennt mein Kind und kann mir Rückmeldung geben?

WAS FÜR EINE LÜGE!

»Ich komme zu nichts! Zu gar nichts! Wie machen das andere
Mütter oder Väter?« – Das ist mein Dauergedanke. Eine
festgefahrene Schleife ... Ich denke dabei an das entspannte
Bummeln durch alte und neue Gassen der Umgebung,
schwimmen gehen, Keller aufräumen, Erdbeermarmelade
kochen, Beckenbodentraining oder Bibellesen. Ich komme
wirklich zu nix.

Gerade wenn erschöpfte Eltern den beobachtenden Blick schweifen
lassen und bei anderen Vätern und Müttern hängenbleiben, die
neben einem Fulltime-Job noch lässig Regale für die Kinderzimmer
bauen oder einen Kochkurs besuchen, verstärken sich diese Gedanken nur noch mehr.

Da werden die täglichen »Bremser« noch viel bewusster wahrgenommen, die das produktive Tun hindern: immer wieder dasselbe
Bilderbuch vorlesen, über das Leben grübeln, tausend Warum-Fragen beantworten und Krümel aufsaugen, Krümel aufsaugen und
noch mal Krümel aufsaugen ...

Diese Gedanken wollen uns daran hindern zu erkennen, welcher
Wert in unserem täglichen Tun steckt. »Ich komme zu nichts.« –
Was für eine Lüge! Das Gespräch mit unseren Kindern ist Bildung,
Stärkung, Horizonterweiterung, Förderung und müsste eigentlich
mit einem Stundensatz für Psychologen angesetzt werden. Wieder
»nur« Warum-Fragen beantwortet? Das ist kein Grund, sich elend
zu fühlen. Fünfmal denselben Legoturm auf- und wieder abgebaut?
Das ist alles andere als ineffektiv. Wer legt denn fest, welchen Wert
unser Tun hat? Was mehr oder weniger sinnvoll verbrachte Zeit ist?

Immer wieder mogeln sich solche Lügen in unser Leben. Sie rauben unsere Kraft und verschieben unsere Aufmerksamkeit.

Entscheidungen

Wenn ich denke oder sage: »Ich komme zu nichts«, meine ich eigentlich: »Ich komme nicht zu dem, was ich oder andere von mir erwarten.« Es bedeutet aber auch: »Ich komme nur zu den Dingen, denen ich Priorität einräume.« Wir sind Resultate unserer Entscheidungen. Wenn mein Tag wiederkehrend zu voll ist und mich überfordert, wen bitte ich um Rat? Wem gebe ich Zeit und Raum? Wie setze ich Prioritäten?

Immer wieder erreichen Eltern den Punkt, an dem sie bewusst wahrnehmen dürfen: Ich komme nur zu den Dingen, die es mir wert sind. Wenn das Vorlesen Priorität für mich hat, kaufe ich die Erdbeermarmelade statt sie selbst zu kochen. Wenn ich das Unkraut im Garten bezwingen will, verzichte ich an diesem Tag auf das Sortieren von Schleichfiguren.

???

- Welche unerledigten Sachen brauchen eine Entscheidung von mir?
- Wie kann ich Zeit mit meinen Kindern verbringen, ohne dabei das Gefühl zu haben, nichts Sinnvolles zu tun?

GEDANKENZUPFER

Ich sortierte gerade Socken von fünf Menschen, als das Telefon mich mit einem Kontakt aus früheren Welten verband. Eine ehemalige Freundin rief an. Sie wollte mal hören, wie es mir geht. »Müde, klebrig und gelangweilt vom Alltag«, wäre ehrlich gewesen. Stattdessen beschrieb ich brav die Vorzüge des Mutterseins und all meine Projekte. Vertuschte sorgfältig, dass ich so oft keine Lust zum Kochen habe und zum Sockensortieren auch nicht. Vom kurzen Zuhören aus dem Leben der Freundin war mir klar: Mein Alltag ist graue Grütze neben ihrem Leben. Ich muss mich gut darstellen. Ich bin schließlich wer und nicht nur das Heimchen am Herd. Nach dem Austausch blieb ein bitterer Beigeschmack zurück: Was tue ich hier gerade? Ich verrate meine Idee von Familie und stelle als wertlos dar, was mir so viel bedeutet.

So oft steige ich mit vollem Elan und Schwung in eine Situation ein, zum Beispiel ein bevorstehendes Fest. Ich stelle es mir vor, plane und sehe vor meinem inneren Auge eine glücklich lachende Familie am Esstisch. Die Realität ist dann oft viel »menschlicher«: Die eingeladenen Gäste kommen nicht oder nur halbherzig, der Kuchen schmeckt nicht und eins der Kinder bekommt Fieber. Schließlich höre ich noch eine Bemerkung zu mir als Mutter mit dem falschen Ohr und bin unglücklich und verspannt.

Als ich später zur Ruhe und zum Beten komme, sehe ich Jesus schulterzuckend an. Ich bitte ihn, meine Enttäuschung aus meinen Gedanken zu zupfen. Ich erkenne: Bleibt die Enttäuschung in mir hängen, schnürt sie mich wie Spinnenweben in ein feines Netz aus Unzufriedenheit ein. Unzufriedenheit über mich und meine Aufgaben.

Klare Gedanken

Immer wieder muss ich das tun: Meine Gedanken und meine Haltung durchchecken. Bis heute entdecke ich Enttäuschungen über mich als Frau und Mutter, über meinen Ehepartner, über meine Kinder und sogar über Freunde. Die Idee, die ich von ihnen und unserem Miteinander habe, ist oft eine Täuschung, die mich blockiert. Ich kann diese Idee in meinen Gedanken lassen und ein Leben drumherum leben. Dann wird aus einer Täuschung schnell Enttäuschung, und diese wächst in mir zur Hoffnungslosigkeit oder Wut.

Deshalb bitte ich Jesus regelmäßig, in meinen Gedanken aufzuräumen, das herauszuzupfen, was nicht der Wirklichkeit entspricht. Ich bitte ihn, mir Klarheit zu schenken, wo ich einer Täuschung erlegen bin. Dadurch bekomme ich einen neuen Blick auf mich und meine Gefühle. Ich bete darum, einen neuen Gedanken für die Menschen in meinem Umfeld zu bekommen.

???

Wenn es mir nicht gut gelingt, Enttäuschungen loszulassen, frage ich mich:

- Was genau ist mein gekränkter Wunsch?
- Was steckt hinter dieser Sehnsucht?
- Welche Gefühle erkenne ich wieder?
- Was kann ich aktiv tun, um diese Enttäuschung zu verhindern?
- Was lehrt mich die Enttäuschung?

Prägungen

»Meine Eltern haben mich nicht ängstlich erzogen und doch haben sie mir auch nie Mut gemacht. Wenn ich etwas wagen wollte, haben sie mir davon abgeraten, um mir die Enttäuschung bei einem Misserfolg zu ersparen. Bestimmt meinten sie es gut…«, murmelt Nicole und sieht in ihre Kaffeetasse. »Bei vielen großen Schritten in meinem Leben, die Mut erfordern, habe ich diese Prägung gespürt. Bei Dingen, die anderen selbstverständlich waren, habe ich mich mit Selbstzweifeln gequält: Schaffe ich das? Das hat Lebensbereiche wie meinen Beruf, den Sport oder auch die Sexualität bestimmt. Nach der Geburt unseres Kindes wollte ich das anders machen und bat Gott um Hilfe. Mit meinem Mann zusammen habe ich entschieden, dass er mich ›zurückpfeifen‹ würde, wenn ich aus Angst den Erkundungsdrang unseres Kindes einschränke. Deshalb stand ich auf dem Spielplatz oft mit dem Rücken zur Rutsche, und er beobachtete unser Kind. Er hat auch den Schwimmkurs mitgemacht und viele Arztbesuche übernommen. Unser Kind hat ebenfalls die Tendenz, sich nichts zuzutrauen. Ich bin froh, dass sein Vater ihm unbeschwert zeigen kann, wie viel Lebensqualität man gewinnt, wenn man mutig durch das Leben geht.«

Jedes Elternteil bringt seine Geschichte und seine Grundprägung mit. Entweder wird man bei dem Duft von Weichspüler sentimental oder man kräuselt die Nase – je nachdem, welche Kindheitserinnerungen man damit verbindet. Rasenmäher-Geräusche können Sehnsucht nach früher auslösen oder Wut auf die Pflicht, im Garten

153

zu helfen. Im Alltag mit seinen eigenen Kindern ist man nicht selten verdutzt, wie sehr diese Prägungen Raum einnehmen. Plötzlich kommen Erinnerungen und damit verbundene Gefühle hoch und prägen unser Handeln im Hier und Jetzt.

Diese Prägungen können positive oder negative Auswirkungen haben. Viele Prägungen sind gut und erleichtern unseren Alltag. Mir war zum Beispiel immer wichtig, dass wir als Familie in den Gottesdienst gehen, weil ich es so kannte. Diese Prägung ist bei Henrik und mir ähnlich. Andere Prägungen sind bei uns sehr unterschiedlich. Während ich ein echtes Faible für Geburtstage habe und gar nicht genug »Hurra«-Schilder aufstellen kann, begnügt sich Henrik damit, morgens Gratulationen entgegenzunehmen. Diese Unterschiedlichkeit hat uns in den ersten Jahren Beziehung wirklich beschäftigt und einige Enttäuschungen mit sich gebracht. Sich als Eltern und Paar diese Prägungen klarzumachen, ist eine Stärke.

Wenn die eigenen Prägungen Mütter oder Väter daran hindern, ihrem Kind den Rückenwind zu geben, den es braucht, können sich Eltern gegenseitig stärken und ermutigen. Bei Alleinerziehenden kann eine Freundin oder jemand aus der Verwandtschaft helfen, diese Schwierigkeiten zu umschiffen. Es gibt dabei keine Familie, die »falsche« Grundlagen lebt. Ein offenes Gespräch, in dem man sich Klarheit über die eigenen Prägungen, Erfahrungen und Gefühle verschafft, kann aber deutlich machen, wo Möglichkeiten und Herausforderungen liegen.

???

- Was am Verhalten meines Kindes bereitet mir Schwierigkeiten und warum?
- Welche meiner Prägungen erkenne ich wieder?

SEELENFRESSER

Chaos kann ich! Ich erlebe immer wieder Momente, in denen ich mich frage: Wie machen das die anderen? Die »guten« Eltern? Die, die alles im Griff haben? Ein Kind von uns habe ich zum Beispiel als Baby mal wegen eines Missverständnisses in der Kirche gelassen – sie schlief friedlich. Doch es dauerte, bis ich mir dieses Drama vergeben konnte. Oder: Nach 12 Jahren sagt mir eine Ärztin, dass unser Sohn Migräne hat. Keine »normale organische Migräne«, sondern durch Anspannung wegen Hochsensibilität. Ich weine wie ein Schlosshund, weil ich mich wie eine Versagerin fühle. Wieso habe ich ihn so lange als »speziell« eingestuft? Was bin ich für eine Mutter? Ich sorge sehr gründlich dafür, dass meine Seele angefressen wird.

Ich erlebe jeden Tag: Ich bin nicht vollkommen. Ich werde an meinen Kindern Fehler machen, wie es auch schon meine Eltern an mir getan haben. Gott zeigt mir seine Liebe, indem er mich zur Elternschaft beruft. Ich berufe mich auf seine Rückendeckung bei diesem großen Projekt Erziehung. Wenn wir Fehler machen, dürfen wir voller Staunen an die Kraft der Vergebung denken. Ich kann fast täglich einen Moment beschreiben, in dem ich schuldbewusst zucke. Weil meine Worte nicht ermutigend waren. Oder weil ich vergessen habe, mein Kind pünktlich abzuholen.

Gott wünscht sich eine Beziehung zu uns und zieht uns immer wieder voller Liebe an sein Herz! Mich selbst daran zu erinnern, ist eine echte Aufgabe. Bei vielen Themen rutsche ich in einen gut bekannten Seelenfresser-Kreislauf: Ich bin schuld. Ist ja alles, weil ich keine gute Mutter bin ...

Aber Gott zeigt mir seine Liebe. Und ich kann erkennen: Ich bin Mutter – die beste für mein Kind. Vergebung ist eine Einladung zum Durchatmen und Neuanfangen.

Diese Aussagen in meinem Leben Realität werden zu lassen, ist ein Kampf für mich. Ich strecke mich aus nach Gelassenheit und Geborgenheit in dem schuldfreien Raum bei Gott. Hier in meinem Schmerz ahne ich, was ich noch nicht voll begreifen kann: Ich stecke nicht mehr in der Schuld. Ich bin, darf sein. Ich fange neu an. Jeden Tag.

An manchen Tagen nehme ich mir im Gebet ganz fest vor, nicht auszuflippen. Ganz fest. Wirklich. Aber kaum sind meine drei geliebten Kinder um mich herum, bringt mich oft schon die Unruhe dazu, selbst immer kribbeliger zu werden, bis ich weinend Gott frage, warum es mir einfach nicht gelingt, ruhig zu bleiben, liebevoll zu sein. Ich spüre Schuld sehr bewusst.

Ich versuche, mich immer wieder an die Vergebung zu erinnern. Ich sinne nach über Gottes Zusagen, seine Liebesversprechen. Ich erinnere mich durch Fotos, Karten, durch Gegenstände. So großartige Dinge wie die Vergebung erfasse ich als Christin nicht mit einem Kopfnicken. Ich muss sie erleben. Ich muss sie im Leben erfahren und anwenden. Oft beginne ich damit, meine Kinder um Vergebung zu bitten. Als sie jünger waren, haben wir auch sofort mit Gott gesprochen. Heute suchen die Teens nach einem dicken Zusammenstoß eher das Weite. Irgendwann lasse ich mir vergeben. Ich brauche lange, um mein Herz zu überzeugen, dass ich es wert bin, neu anzufangen. Mein Mann oder eine Freundin sprechen mir Vergebung zu, und ich wachse hinein in Gottes neue Dimension.

!!!

- Gott zeigt mir seine Liebe.
- Ich bin Mutter – die beste für mein Kind.
- Vergebung ist eine Einladung zum Durchatmen und Neuanfangen.

???

- Wo wird meine Seele gerade angefressen, und ich kann mir nicht vergeben?
- Wo wünsche ich mir einen Neuanfang?

OBSTTELLERANSICHTEN

»Wenn ich bei meiner Schwägerin zu Besuch bin, dauert es nicht lange, und ich fühle mich unkreativ und farblos! Die backt ganz viel und näht jetzt sogar Kissen für die Kinder«, seufzt Petra. »Mein Bruder ist auch so super mit den Kindern und irgendwie machen die Kids total gut mit.« »Was mit?«, fragt Benedikt nach. »Ach alles… Sie stellen ihre Schuhe ins Regal, und sogar der Kleine hängt mit seinen 18 Monaten seine Jacke selbst auf. Die essen alles und schlafen toll. Diese Kinder bekommen sicher nie Karies, so super sind die«, lamentiert Petra weiter. »Na und?«, Benedikt bleibt unbeeindruckt: »Jeder ist anders und kann was anderes gut! Ganz einfach.«

Das Vergleichen ist eine der großen Gefahren für das Glück des Menschen. Wer seine Zufriedenheit dauerhaft auf die Probe stellen will, schaut am besten danach, wie andere sind und was sie können.

Der Blick weg von unserer Individualität hin zum Vergleichen von Eckdaten tut uns selten gut. Schon in der Schwangerschaft vergleichen Frauen, wie viel sie zunehmen. Später dann, wann sie wieder in die alte Hose passen. Und schnell gibt es auch Vergleiche zur Entwicklung des Kindes.

Auch im Erziehen kennen Eltern das Phänomen. Mich hat es oft lange beschäftigt, wenn Eltern auch ihre Schulkinder noch mit im Elternbett hatten. Für uns war das nie ein Thema. Ich hatte mich nie bewusst für oder gegen das Schlafen mit den Kids im Bett entschieden. Deshalb habe ich mich infrage gestellt und meine Lebenssituation verglichen, sobald jemand das Thema ansprach. Aus Unsicherheit und dem dumpfen Gefühl, etwas verpasst zu haben ...

Meine Freundin Tonja hat immer Geduld. Da konnte das Baby in der Trage vor ihrem Bauch weinen, die Zweijährige nach Knete rufen, die Vierjährige den Wassermalkasten auf dem Teppich ausprobieren und der Siebenjährige ein Experiment mit Strom machen – sie blieb gelassen und bot mir einen Tee an. Seltsamerweise haben die Besuche mich manchmal unglücklich gemacht. Ich kam mir vor, als müsste ich mich auch in diesen Zustand bringen können: tiefenentspannt. Ich wollte gern so sein wie sie. Ich fühlte mich wie eine Birne neben einem Apfel auf dem Obstteller. Wohl wissend, dass der Apfel sich sehr unterscheidet von der Birne. Immer wieder versuchte ich zu entschlüsseln: Wie macht sie es? Was sind die Faktoren, die diese Gelassenheit bringen?

Irgendwann hatte ich den Mut, diese Beobachtung preiszugeben. Tonja sah mich mit großen Augen an und sagte: »Ach Quatsch. Du hast doch die tollen Ideen. So vieles hier in unserem Haus ist von dir angeregt. Ich komme da selbst nie drauf ...« Sagte mir der Apfel gerade, dass er auch manchmal eine Birne sein möchte?

Göttlicher Geschmack

Manche Väter sind sehr geduldig, verpassen aber den Moment, ihren Standpunkt klarzumachen und sich durchzusetzen. Andere Väter sind klar und machen kleine Projekte mit den Kindern, sind dabei aber sehr ungeduldig. Auf dem Obstteller der Möglichkeiten werden wir keine Frucht finden, die nach Banane schmeckt, wie eine Himbeere aussieht und den Biss eines Apfels hat mit den Lagerungsfähigkeiten einer Pomelo. Jedes Obst hat seinen Charakter. Wir sind als Mutter und Vater Lernende und dabei so einzigartig, dass sich das Vergleichen unserer Erziehungswege nicht lohnt. Es darf uns motivieren und hinterfragen, aber nicht unglücklich machen.

In meinem Obstteller-Universum bin ich schnell dabei zu denken, ich als Birne sei eine schlechte Mutter. Weil es bei uns selten Kuchen am Wochenende gibt oder gar Spieleabende. Ich möchte mich daran erinnern, dass ich einen von Gott erdachten Geschmack ins Leben meiner »Birnen-Kinder« bringe.

Der Blick auf unsere Kinder und die Kinder anderer Eltern verführt dazu, unruhig zu werden: Was können die anderen nicht alles? Wie gut funktioniert bei ihnen das Füttern, Laufenlernen, Zählen oder Schwimmen? Ein spannender Automatismus setzt ein: Ich checke die Fakten und werte heimlich aus, wer sonst noch mit vier Jahren Laufrad fahren kann. Ich stelle fest, wer bei uns schuld ist, dass unser Kind das nicht schafft. Ich sage laut, dass es ja völlig egal sei, wann Kinder Laufrad fahren lernen und gehe anschließend in einem Waldstück mit meinem Kind üben. Wenn wir zurückliegen oder unser Kind etwas nicht kann, löst das in uns eine Art Fluchtinstinkt aus. Wir wollen nicht wegen einer Druckstelle vom Obstteller aussortiert werden. Unser Kind soll nicht den Anschluss verlieren.

Das Vergleichen scheint ein innerer Ansporn zu sein, sich den Platz zwischen allen Äpfeln zu sichern.

Unnötiger Druck

Ich habe oft Dinge mit meinen Kindern gemacht, weil ich dachte, es mache sie fit für das Lernen und die Schule. Warum ist es mir so viel wert, dass mein Kind erfolgreich ist? Heute bedauere ich den Druck, der mir durch das Vergleichen oft entstanden ist. Die Kleinkindphase darf eine Zeit sein, in der wir zusammen die Welt entdecken, uns kennenlernen und dabei lebensfit werden. Ohne zu checken, was »man« können muss und was »man« so tut und was »man« so spielt. Wer ist denn überhaupt »man«? Sind wir nicht eine Sammlung von »Ichs«?

Mein Ziel ist es, den Kindern zu vermitteln, dass jeder auf dem Obstteller seinen Wert und seinen Reiz hat. Dass jeder seinen Beitrag in einem Obstsalat leistet. Dabei können wir auch entdecken, dass nicht jede Kiwi gleich schnell reift und dass nicht jeder Apfel einer Sorte gleich bissfest ist. Was für eine große Chance für viele Entdeckungen: unsere Unterschiedlichkeit!

???

- Wo wäre ich gerne so wie eine andere Mutter oder ein Vater?
- In welchem Punkt beschäftigt mich das Vergleichen mit anderen Familien?
- Wie vergleiche ich mein Kind mit anderen Kindern?

Klar-Text

KLARE WORTE

Hanna erzählt Woche für Woche im Elterntreff von dem Problem
mit ihrer Tochter. Laura (5) trinkt noch jeden Abend aus der
Flasche, mit zu befürchtenden verheerenden Folgen für die Zähne. Hanna malt sich und uns ein Bild ihrer Tochter vor Augen
von einer Studentin, die bestimmt noch abends in der Kneipe
ihre Milch oder ihren Apfelsaft trinkt. Irgendwann können alle
Eltern Hannas Bedenken und Sorgen mitsprechen. Heidi ist
es genug. Als die bekannten Seufzer aus Hanna herausbrechen,
unterbricht Heidi die Jammernde: »Sag es Laura doch einfach.
Sag ihr: Ab heute gibt es keine Flasche mehr. Klartext. Die Zeit ist
vorbei – aus!« Hanna stutzt und antwortet: »Geht das?«

Mir wurde an diesem Beispiel klar, wie sehr wir als Eltern oft nur
etwas denken. Aber wir sagen und vermitteln es nicht. Wir denken,
dass wir etwas tun sollten und schweigen. Das Kind oder unser
Ehepartner weiß gar nichts von unseren Gedanken zu diesem
Thema. Laura wird das Unbehagen der Mutter gespürt haben – an
jedem Abend. Sie wird das Seufzen und die Verhinderungsversu-
che miterlebt haben. Insgeheim wusste Laura, dass diese Flasche
nicht mehr dran ist. Allein die Stimmung um diese Situation sprach
Bände. Aber Hanna hat ihre Gedanken nicht ausgesprochen. Klartext schützt unsere Beziehungen. Bei klaren Worten gibt es in unseren Beziehungen weniger Interpretationsspielräume und weniger
Schuldzuweisungen.

Hanna hat im weiteren Elterntreff-Gespräch den Mut zu fragen:
»Wie würdet ihr das machen? Kann Laura das verstehen? Denkt sie,
ich liebe sie nicht, wenn ich ihr die Flasche verbiete?« Die Eltern

sammeln gemeinsam Klartext-Formulierungen und sind sich einig: Wer so groß ist, kann seine Nähe durch Kuscheln oder Vorlesen bekommen, denn für die Entwicklung ist das viel passender als der kleinkindliche Saugreflex an der Flasche.

Klar und knapp

Kinder orientieren sich an der inneren Haltung der Eltern. Sie sind Profis im Wahrnehmen unserer Haltung und auch unserer inneren Kämpfe. Mein zu der Zeit fünfjähriger Sohn und sein Freund waren mit mir in einem Laden, um eine DVD zu kaufen. Während ich nach prämierter Kinder-werden-gebildet-Ware Ausschau hielt, fachsimpelten die Jungs über Filme ab 12. »Ich guck das nicht«, wiegelte mein Sohn ab. »Mama mag das nicht – keine Chance.« Später fragte ich ihn, wie er auf diese Aussage käme. »Mama, ich kenn dich halt. Du zuckst im Gesicht, wenn du was doof findest.« Wenn unsere Kinder etwas erspüren und wahrnehmen, aber nicht auch deutlich hören und erleben, was dem Gespür entspricht, werden sie verunsichert. Sie brauchen klare Worte. Und sie werden nicht überrascht sein, wenn endlich Klartext kommt.

Hannas Beispiel brachte mich auf die Idee, genau hinzuhören, wie Eltern Klartext sprechen. Ich meine damit nicht die Schock-gefrier-Variante »Mach, was ich sage, sonst knallt's!« Es geht auch nicht darum, mit groben Worten den Beleidigungspreis zu bekommen. Wenn eine Situation im Leben mit meinem Kind eine Reaktion von mir erfordert, dann bemühe ich mich um folgende Dinge.

- Ich sage, was mir Sorge macht, was mir nicht gefällt. Knapp. Wirklich knapp!

- Ich ermutige mein Kind, seine Sichtweise auszudrücken.
- Ich stelle meinen Vorschlag dar, und wir verhandeln ein gemeinsames Ergebnis.

Ein Beispiel: Essen am Tisch

- »Ich bin sauer/verärgert/angestrengt, wenn du beim Essen aufspringst. Ich möchte, dass du sitzen bleibst.«
- »Ich bin aber fertig und will spielen!«
- »Okay, das verstehe ich. Bleib so lange sitzen, bis alle Kinder am Tisch fertig sind.«
- »Hm, und wenn der Tobi zu Besuch kommt? Der isst ewig.«
- »Dann sprechen wir noch mal, wie wir es machen.«

Zappelt das Kind dann weiter herum, wird der Satz kürzer: »Bleib sitzen!« oder »Komm zurück!«. Die Beziehung zu meinem Kind wird nicht in diesen Minuten gestaltet, in denen ich klar bin. Hier wird sichtbar, ob ich außerhalb solcher Herausforderungen genug in die Beziehung investiert habe und das Kind sich – trotz Tränen und Wutanfällen – sicher fühlt.

Zu viele Worte

Ich habe nach zwei Mädchen einen Jungen großgezogen. Das ist hinsichtlich positiver Gespräche und Klartext eine echte Veränderung für mich gewesen. Beispiel gefällig?

»Ich möchte nicht, dass du die Lego-Bauten deiner Schwester zerstörst.«

»Na und? Mir doch egal!« (Ich möchte Klartext reden, denn unser Sohn soll lernen, die anderen zu achten. Er darf auch lernen zu spüren, warum ihn das Bauen der Schwestern so stört. Fühlt er sich abgelehnt? Ist ihm langweilig? Gelingen ihm diese Bauten noch nicht und er ist frustriert?)

»Nein. Du lässt die Lego-Sachen in Ruhe.«

»Nur die Lego-Sachen oder auch die Häuser?«

Irgendwann gönnte ich mir eine Erziehungsberatung, um unsere Dialoge durch einen Blick von außen zu betrachten. Unser Sohn hat, seit er drei Jahre alt ist, eine besondere Art, die Welt intensiv wahrzunehmen. Er wirkt dabei sehr stark und speziell. Oft rutschte ich in die Rolle der Übersetzerin und ahnte, dass ihm das nicht hilft, lebensbewältigende Erfahrungen zu machen. Die Beraterin ließ mich erzählen und gab mir dann einen Rat, der mich sehr gefordert hat. Ich solle den Militärton einüben. Klartext reden. Keine Mädchensprache: »Könntest du?« »Möchtest du nicht auch so gern wie ich?« »Wie wäre es, du würdest...« Konjunktiv ist für starke Kinder unbrauchbar. Vielmehr sollte ich mich bremsen und nur sagen: »Halt!«, »Stopp!«, »Tür zu!«. Jammernd berichtete ich meinem Mann von diesen rohen Verhaltensformen und googelte heimlich das Profil der scheinbar unprofessionellen Beraterin. Doch mein Mann nickte zustimmend: »Recht hat sie. Du quatschst ihn taub. Solange du redest, muss er nicht handeln!«

Betreten und gleichermaßen irritiert fiel mir auf, wie viele Worte ich mache, obwohl ich genau weiß, was ich will. Obwohl ich weiß, was ich anbieten möchte. Obwohl ich weiß, wann es gefährlich wird... Klartext ist keine Lieblosigkeit. Die passiert in anderen Momenten. Klartext gönnt dem Kind eine Struktur, eine Begleitung.

In der nächsten Woche meldete sich Hanna in der Spielgruppe direkt am Anfang zu Wort: »Keine Flasche – seit einer Woche.

Laura hat mich groß angesehen, etwas gejammert und dann wohl bemerkt, dass ich nicht von meiner Entscheidung abweiche. Sie hat sich nach dem Zähneputzen sofort ein Buch ausgesucht und nicht mehr gefragt. Sie hat wohl gespürt: Ende Gelände!«

???

- Wie kann ich Klartext einüben?
- In welchen Alltagssituationen rede ich zu viel?
- Empfinde ich klare Worte für mein Kind als schädlich oder als fördernd? Warum?

DAS MUSS!

Würde ich unserem zweiten Kind einen Titel geben, wäre es »Müssenmüsser«. Sie hat sehr schnell von uns Eltern Regeln gefordert. Waren diese Regeln einleuchtend, hat sie sie auch verteidigt und auf die Einhaltung geachtet. Gerade heute hat sie mich mit meinen 43 Jahren daran erinnert, dass ich nicht ausreichend eingecremt sei, um in der Sonne zu braten.

In einer Phase in der Kleinkinderziehung war für mich der Satz »Das muss jetzt so!« rettender Notanker. Zum Beispiel wenn bei drei Kleinkindern immer eins wegrennt und keiner mir eine dritte Hand leihen wollte. Oder wenn ich versucht habe zu kochen und dabei alle drei um mich herumwuselten und um Kuschelzeiten baten. Ich war dabei alles andere als gerecht oder entspannt. Ich war einfach darum bemüht, meinen Tag mit so wenig Ungerechtigkeiten und zischenden Bemerkungen wie möglich zu bewältigen. »Müssen«

klingt so gar nicht pädagogisch und oft auch nicht liebevoll – aber es kann Eltern retten, die nur noch Minikraftreserven haben.

»Das muss«-Sätze waren für mich in diesen Situationen wichtig:

- das Müsli am Morgen
- Socken in Schuhen
- Zähne putzen
- anschnallen im Auto
- mit Sonnenmilch eincremen
- Haare kämmen

Außerdem gab es »Pflichtlesestunden«. Die habe ich angesetzt, wenn die Atmosphäre in der Familie kribbelig wurde. Wenn die Stimmung angespannt war, vor allem meine Stimmung. Da war es besser, wenn alle einmal außer Sichtweite waren. Rieka legte dann den Kopf schief und fragte: »Ist das Pflicht?«, und trollte sich zufrieden mit dem Ja in ihre Leseecke.

Nichtmüssen?

In der Stadt lese ich eine Postkarte mit dem Spruch: »Einen Scheiß muss ich!« Lange wandert der Satz durch mein Herz und meine Gedanken. Ich weiß genau, was ich mag und was nicht. Was ich zum Beispiel nicht mag, ist, die Fensterrahmen von ihrem dunklen Schleier aus Kerzenruß und Heizungsluft zu befreien. Eine echte Mistaufgabe. Ich schimpfe und bemitleide mich, weil ich keine Putzfrau habe. Nach einigem Geseufze fällt mir die Karte ein. »Genau! Einen Scheiß muss ich!« Und während ich mich schon wegschleichen will, flüstert es in mir: »Echt?« Ich gehe zurück zum Fenster, jammernd und meckernd mache ich mich an die Arbeit.

Und schließlich sind die Rahmen weiß. Schon während des Putzens denke ich: »Tja, ich kann es selbst – auch ohne Putzfrau.« Sofort bin ich voller Glückshormone nach dem Durchbeißen.

Und genau solche Erfahrungen lassen wir uns viel zu oft entgehen:

Wenn wir uns scheuen, eine neue Form von Geburtstagsfeier auszuprobieren, werden 35 Jahre lang die gleichen Leute eingeladen und dieselben Themen diskutiert.

Wenn wir uns liebevolle Umgangstöne in der Familie wünschen, aber nichts investieren...

Wenn wir unser Gebetsleben auffrischen wollen, aber nicht beten möchten...

Unsere Kinder sind daran gewöhnt, immer wieder Dinge zu tun, die sie nicht wollen und nicht mögen: Sie müssen das. Ich bin mir bewusst, wie unbeliebt diese Aussage gesellschaftlich ist. Ich kenne Menschen, die wollen keinen Garten, weil er zu viel Arbeit macht. Aber sie würden gerne im Sommer mit Freunden draußen zusammensitzen. Ich kenne Menschen, die keine Mahlzeit mit der Familie einnehmen, sich aber nach Familienzeit sehnen. Und es gibt Menschen, die so dringend gehört werden möchten, aber nur sprechen, wenn keiner im Raum ist.

Eine Bekannte hatte den Traum von Großfamilie und Freunden am Tisch. Immer wieder malte sie ihn aus. In schillernden Farben. Sie war aber nicht bereit, Zeit in Menschen zu investieren und sie einzuladen. Sie hatte keine Lust, Essen zu kochen und den Esstisch zu entmüllen. Heute ist sie enttäuscht vom Leben und von Menschen. Dabei hätte sie ihren Traum verwirklichen können, wenn sie die Zähne zusammengebissen hätte.

Gesellschaftsfähig

In einer Gemeinschaft ist es nötig, von sich wegsehen zu können. Das ist uns ein wichtiger Wert. Schon früh haben wir deshalb zum Beispiel den Kindern vorgemacht und sie dazu angeregt, im Kirchen-café auch mal mitzuhelfen, wenn man nicht »dran« ist. Uns war es wichtig, dass sie freiwillige Mithilfe als etwas Normales ansehen.

Unsere Kinder müssen mit uns Menschen besuchen, die sie nicht kennen. Und das läuft oft unrühmlich ab. Mit Ansage von Mutter oder Vater und anschließendem Augenrollen, Türknallen oder Dauergenörgel. Manchmal gibt es auch Verhandlungsversuche, um die Besuchsdauer zu begrenzen. Aber sie müssen mit.

Mir ist bewusst, wie wenig zugewandt das klingt. Doch manch-mal wurde eine Überraschung daraus: Aus der Befürchtung »Die sind doch doof und voll alt!« wurden liebevolle Beziehungen wie zu Ersatzgroßeltern. Nicht immer gelingt es, und mancher Besuch von fremden Familien war schräg und fordernd für unsere Kinder. Bis hin zu dem dringenden Wunsch: »Tut uns das nicht noch mal an!«

Uns war es wichtig, dass auch unsere Kindergartenkinder Ver-zichten üben: mal ihr Lieblingshandtuch der Freundin fürs Freibad leihen, Bücher ausleihen, Gummibärchen gemeinsam essen. Heute als Teens frotzeln unsere Kinder manchmal: »Mama, der Titus hätte mal bei uns leben sollen. Der kann gar nicht teilen oder jemandem was gönnen. Der denkt nur an seinen Vorteil.«

Meine Freundin übt diese Haltung bei großen Festen ganz praktisch. Ihre Familie liebt es zu feiern. Nicht selten sind dann 60 bis 70 Menschen in ihrem Garten. In der Vorbereitung hat sie ihre Kinder jedes Mal ausführlich die Schönheit des Festes und die vielen Arbeitsschritte bis dahin durchdenken lassen. Gemeinsam haben sie geplant. Als die Kinder zwischen zwei und zwölf Jahren alt waren, hatte jedes seine Aufgabe. Bei dem Versuch, sich zu drücken, wurde jeder an das »Müssen« erinnert und konnte sich an großen Listen zum Abstreichen orientieren, was noch zu tun ist.

»Is so!«

Wir sitzen am Esstisch und diskutieren über den Verlauf des ersten Weltkrieges. (Das kommt bei uns Diekmanns tatsächlich vor, da vier von fünf Familienmitgliedern Geschichte lieben.) Irgendwann kommt das klare Statement des Teenagers: »Is so!« Das ist eine Art Super-Argument, nach dem keiner mehr weiterdiskutieren kann.

Ich mag diesen Ausspruch nicht. »Is so!« ist so festgelegt! Das gilt auch für das Leben mit Kindern. Es kann einige Zeit ein paar feste Wege und Rituale geben, einige »Das muss«-Sätze. Aber selbst die besten Erfahrungsstrukturen sollten immer wieder überdacht werden.

Das Gebilde einer Familie ist dauerhaft in Bewegung. Nicht selten ist gerade das so ermüdend und fordernd für Eltern. Endlich habe ich verstanden, was dem Kind guttut, was es begeistert, was es wütend macht – und dann? Kommt eine neue Phase und das Kind entwickelt sich weiter.

Wie ein kunstvolles Mobile bewegen sich die verschiedenen Figuren bei einem Luftzug. Die Figuren sind je nach Beschaffenheit des Fadens und des Freiraums mehr oder weniger in Bewegung. Um allen Familienbeteiligten Entwicklung zu ermöglichen, ist Bewegung nötig. Dabei kann es auch zu Verhedderungen kommen. Ein »Is so!« ist wie der Wunsch, alle Figuren des Mobiles direkt unter das Holzstäbchen zu knoten und den Faden zu entfernen.

In unserer Familie hatte ich Phasen, da habe ich aus hilfreichen Strukturen Gesetze gemacht. Aus dem Rhythmus, der den Alltag erleichtert, wurde durch meine Überforderung das gefährliche »Is so!« eingeführt. Erst als ich andere Familien beobachtete, habe ich zum Beispiel verstanden, dass Schulkinder ein sehr unterschiedliches Schlafbedürfnis haben. Unsere älteste Tochter ging in der ersten Klasse um 19:30 Uhr mit ihren Geschwistern ins Bett und schlief oft erst um 22 Uhr oder später ein. Meine starre Haltung hat unsere Abende lange belastet. In dieser Phase voller innerer Bewegung hat unsere Tochter einige Versuche unternommen, bei Schulfreundinnen zu übernachten. Jedes Mal war sie bis in die Nacht wach. Hellwach. Bis wir sie verzweifelt holen mussten. Wir haben uns gefragt: Was stimmt mit dem Kind nicht? Hat sie nicht genug Sicherheit? Haben wir etwas übersehen?

Unser Familienmobile kam gehörig ins Schaukeln, bis wir zusammen verstanden haben: Diese Figur braucht einen neuen Faden. Sie braucht neue Eckpunkte für ihren Alltag. Wir haben sie weiter um 19.30 Uhr »ins Bett« gebracht und sie hat noch gemalt, Hörspiele oder Musik gehört und ihre »Spezialzeit« gehabt. Übernachtungen haben wir erst mal gestrichen, bis sie zu einer Ferienfreizeit mitfuhr und wusste: Ich kann es schaffen.

Ich lernte eine Familie kennen, in der die Regeln für die Kinder nie verändert oder aktualisiert worden sind, bis sie 20 Jahre alt waren. Zum Beispiel: »Keine Süßigkeiten nach dem Abendessen!« Diese Regel ist super für Ein- bis Sechsjährige. Aber eine 20-Jährige, die mit ihrem Vater darüber sinniert, warum einige Chips jetzt toll wären – schräg! Ich habe versucht zu verstehen, wie es dazu kam. Es ging in diesem Familiengefüge darum, dass die Eltern sich als lebenslang verantwortlich sahen und Sorge vor Zahnproblemen hatten. Dieses »Is so!« legt jedoch Kinder auf einen Stand fest, aus dem sie bei gesunder Entwicklung herauswachsen.

Unweigerlich sind wir als Eltern gefordert, unseren Alltag zu überprüfen. Gerade das Setzen von klaren Strukturen widerspricht oft der Individualität des Einzelnen. Die drei Helden, die mit uns leben, haben ab dem Schulalter deutlich gemacht, wie sehr sie das »Ich« brauchen. Da hilft es wenig, das Familienmobile so zu ordnen, dass alle gleich lange Fäden haben. Da die Figuren und Persönlichkeiten verschieden sind, wirken sich gleiche Alltagsbedingungen sehr unterschiedlich aus.

Die kleinen Liebhaber von klaren Strukturen können eine solche »Aktualisierung« übrigens als Verrat an den verstandenen und bestehenden Regeln empfinden und manchmal nur schwer verstehen. Dann steht ein »Muss das nicht mehr?« wie ein verzweifelter Ausruf im Raum. Bis heute weiß meine geliebte Müssenmüsserin genau, wer wann was durfte, wer wann ein neues Fahrrad bekam oder länger aufbleiben durfte. Und auch was in jeder Schultüte war...

???

- Was ist bei uns ein »Muss«?
- Wo ist Verhandlungsspielraum möglich?
- Welche »Is so!«-Regeln gibt es in meinem Alltag?
- Entsprechen sie noch dem Kind/der Familiensituation?
- Welche Möglichkeiten habe ich als Mutter oder Vater, meinem Kind individuell zu begegnen?

DEN ASCONA IN DER GARAGE LASSEN

Sonjas Mutter musste immer alles klären. War jemand frech oder unfreundlich zu Sonja, stand der Opel Ascona ihrer

Mutter vor der Haustür. Und die Übeltäterin wurde klein mit Hut gemacht. Auch Simone ist das passiert. Sie wäre am liebsten zu Staub zerfallen, als Sonjas wortgewandte Mutter sie mit Schuldzuweisungen und Fragen überschüttete. Alles wegen einer kleinen Streitigkeit unter Zehnjährigen. Simones Beziehung zu Sonja bekam dadurch einen Knacks. Man wusste ja nie, wann wieder der Ascona vor der Tür stand. Das ist nun mehr als dreißig Jahre her. Bis heute ist es übrigens so, dass Sonja ihre Angelegenheiten nicht selbst klären kann. Wenn sie sich abgelehnt fühlt, geht sie. Sie lächelt und schweigt und verglüht innerlich vor Zorn. Und rechnet manchmal Jahre später ab. Und Simone? Die hat sich andere Freunde gesucht...

In den ersten Lebensjahren vermitteln Eltern ihrem Kind wichtige Grundlagen: »Ich bin da, ich nähre dich und ich halte dich.« Wenn das Kind größer wird, sieht das Halten anders aus. Nicht nur das praktische Umarmen, sondern auch das Halten des Herzens. Ich komme damit schnell an meine Grenzen, besonders wenn das Leben unfreundlich zu meinem Kind ist. Instinktiv denke ich dann: »Ich kläre das!«

Und so springe ich als Mutter oft in den Ascona. Möchte anrufen, mich beschweren, weil es so wehtut, mein Kind herausgefordert zu sehen. Das kann eine Geburtstagsfeier sein, zu der mein Kind nicht eingeladen wurde oder eine Prügelei in der Kindergruppe der Gemeinde. Ich beobachte Mütter, die »nur mal eben sagen, dass Philipp letztens so unglücklich war, dass er nicht gefragt wurde«. Sie fahren mit dem Ascona vor und greifen in die Beziehungen ihrer Kinder ein. Diese Eltern meinen, die Wirklichkeit müsse verändert werden, damit ihr Kind besser klarkommt. Dabei vermischen sie, was *sie* sich wünschen und was *ihr Kind* braucht. »Unsere Judith kommt nicht mehr gern in die Spielgruppe, seitdem es keinen Snack mehr gibt...« Aber Judith hat das gar nicht mitbekommen und vermisst den Snack nicht.

Dieses Wegräumen der Lebensschwierigkeiten ist eine beliebte Elternfalle. »Ich wollte nur als Feedback geben, dass die Kinder lieber mehr basteln!« – kann heißen: Julius möchte in der Schule nicht konzentriert schreiben. Sich selbst und anderen gegenüber ehrlich und klar zu sein, wäre hier hilfreich.

Nadja hat einen regelrechten Ascona-Verleih. Sie hat es geschafft, so strategisch mit anderen Eltern zu reden, dass alle in ihre Asconas gesprungen sind, um etwas in Nadjas Sinn zu regeln. »Ich kann mich kaum beruhigen. Findest du nicht auch, dass man der Eveline mal sagen müsste, dass sie ihre Tochter nicht allein mit dem Rad zur Bücherei fahren lassen kann? Das ist doch unverantwortlich!« Fünf Mütter nicken und lassen den Motor an.

Verantwortung übertragen

Zum Leben erziehen heißt aber, Ascona-frei zu leben! Deshalb darf mein Kind seine Freundschaften selbst entdecken. Ich möchte mein Kind ermutigen, seine Gedanken und Wünsche auszudrücken. Ein Vierjähriger kann seine Spielpartner selbst finden. Das sind dann vielleicht nicht die Kinder, die ich nett finde oder deren Eltern ich mag. Mein Kind darf auch feststellen, dass es sich nicht so wohlfühlt und keine weiteren Treffen mehr möchte – auch wenn ich das Kind oder die Eltern mag.

Natürlich darf mein Kind Fehler machen. Es darf auch lernen, nach einem Streit selbst einen passenden Weg der Annäherung zu überlegen. Wenn mein Kind ausgeschlossen wird, muss es den

Schmerz aushalten lernen oder das Gespräch suchen (das sind meine Ascona-Momente – puh, da bin ich schon im Auto). Natürlich darf mein Kind an einem Lehrer scheitern. Bis zur sechsten Klasse haben wir den Dialog als Eltern gestaltet, anschließend die Kinder ermutigt, sich selbst auszudrücken. Wir haben gemeinsam überlegt, wie das Kind einem Lehrer sagen kann, dass es sich ungerecht behandelt fühlt. Oder dass es mit der Menge der Hausaufgaben nicht zurechtkommt. Oft mit erstaunlichem Erfolg. Für unser Kind war das Thema nach dem Gespräch erledigt: »Auf keinen Fall brauchst du Herrn Schröder anzurufen. Sonst denkt er noch, ich könne das nicht alleine klären oder du glaubst mir nicht!«

Und wenn das Kind wimmernd bittet: »Rufst du Herrn Schröder an?« Wie kann der Ascona in der Garage bleiben trotz des Augenaufschlags unseres Lieblings? Hier kann ein gemeinsames Gespräch hilfreich sein. Das Kind schreibt sich einen Satz auf, der beschreibt, was gerade drückt und trägt diesen vor. Die Eltern stellen im Gespräch eher Fragen, als **für** das Kind zu sprechen: Wann fällt dir dieses Problem besonders auf? Wer könnte dir dabei helfen? Was kannst du tun? Die Verantwortung, sich auszudrücken, auf das Kind zu übertragen, kann auch beim Kinderarzt oder im Restaurant geübt werden.

Zum Leben erziehen heißt akzeptieren, dass Schmerz und Auseinandersetzungen die Persönlichkeit fördern. Dass Kinder im Ringen um Lösungen oder Veränderung viel lernen. Sie reifen durch Rückmeldungen, auch durch die, die sie traurig machen. Den Schmerz zu mildern, ist aus Elternsicht oft naheliegend. Aber das hilft nicht zu üben, das Leben zu meistern. Wenn ein Kind schluchzend auf dem Sofa hockt, ist diese Realität des Reifens sehr weit weg für mich. Dann will ich, dass der Schmerz weg ist. Ich kann doch kurz eben anrufen, und...

Vorbildfunktion

Ein großes Vorbild ist Jesus für mich. In der Bibel erlebe ich ihn sehr klar. Was ich von ihm lernen möchte: Meinem Gegenüber Fragen zu stellen, auf meine Gedanken und meine Haltung zu achten und immer wieder neu mit anderen Menschen zu starten – ohne Vorwürfe. Diese Grundlagen möchte ich auch meinen Kindern vermitteln. Das ist eine große Lektion. Ich bin täglich dazu herausgefordert.

Denn wenn meine Kinder ihre Verletzungen ausspeien, klingt es oft so: »Der kann mich mal!« Oder: »Ich lade den nie wieder zu meinem Geburtstag ein!« Oder: »Warum immer ich? Kann nicht sie mal den ersten Schritt machen?« Ich bin Vorbild für meine Kinder, auch im Umgang mit meinen Konflikten und Verletzungen. Und muss mich immer wieder fragen: Wann gehe ich zu sehr in den Konflikt hinein? Wann müsste ich zügiger oder deutlicher sagen, was in mir vorgeht? Was ist mein Anteil an dieser Situation? Auch Kinder können üben, sich in den anderen hineinzuversetzen: Wie hat Jonas sich gefühlt, als ich allen ein Bild gemalt habe, nur ihm nicht? Wie gehe ich damit um, wenn Lisa sich nicht entschuldigt und mich weiter nervt?

Erste Schritte: In den letzten Monaten haben wir begonnen, zusammen mit den Kindern unsere Herausforderer zu segnen. Wir üben uns im Fragen: Wie erweise ich meinem Gegenüber Respekt? Wie kann ich meine Grenzen aufzeigen?

Ich möchte meinen Ascona abmelden. Es wird Zeit ...

???

- In welchen Situationen fährst du mit dem Ascona vor?
- Wo geht es mehr um deine Wünsche als um die Bedürfnisse des Kindes?

- In welchen Bereichen zwischenmenschlicher Konflikte braucht dein Kind noch Hilfe?
- Wo kommt es schon gut allein klar?
- Wie könnt ihr diese Bereiche ausbauen?

DECKUNGSGLEICH

»Wo ist denn mein kleiner Racker?« Als ich das höre, denke ich zunächst, ich sei bei einem Hundetraining. Aber nein. Der Blick in meinen Einkaufswagen verrät mir: Ich bin beim Einkaufen. Die säuselnde Töne-Verursacherin allerdings nicht. Sie jagt ein Kleinkind von etwa zwei Jahren durch den Laden. Beide gackern, aber es ist kein richtiges Spielen. Eigentlich versucht die Mutter, ihren Einkauf zu erledigen. »Du bist heute aber wieder schnell. So ein Wilder bist du heute?« Mit einem Knall hat der kleine »Wilde« die elektrische Schiebetür erreicht. Leider ist sie geschlossen.

Diese Szene geht mir nah. Ich erkenne mich wieder. Oft säusle ich, obwohl ich innerlich total angespannt bin. Oft passen mein Fühlen, Denken, Reden und Handeln nicht zusammen. Sie sind nicht deckungsgleich.

Ganz anders eine Mutter, die auch an diesem Tag im Supermarkt ist. Das Kind ist ebenfalls etwa zwei Jahre alt. Es weint und wirkt müde und ist offensichtlich sauer, dass es keinen Joghurt auf den Boden werfen darf. Die Mutter steht dicht bei dem Kind, bietet ihre Hand zum Halten und die Nase zum Küssen an. Das Kind hört

Sätze wie: »Du darfst weinen. Ich kann dich aber nicht aus dem Wagen nehmen. Erst bezahle ich und dann kannst du raus.« Immer wieder sagt sie es. Das Kind weint und sie ändert weder ihre Körperhaltung noch ihren Tonfall. Hier passt für mich alles zusammen: die Worte, die Stimme, der Blick der Mutter und ihr Agieren. Alles ist deckungsgleich. Allein vom Hinsehen fühle ich mich motiviert, beim nächsten Krisenmoment auch so gelassen und klar zu bleiben.

Ich erinnere mich gut an Situationen, in denen ich meine Kinder angelächelt habe, weil so viel Publikum um uns stand, aber ihre Hand zu fest gehalten habe. Ich war wütend und erschöpft, weil sie mich forderten. Wie oft habe ich wenig deckungsgleich reagiert und sie zeitverzögert angeschimpft? Wie oft passten Körpersprache und Tonfall nicht zusammen?

Kinder erleben es häufig, dass Elterngefühle und Elternhandlungen wenig deckungsgleich sind. Die Blicke und zischenden Bemerkungen zeugen von der Spannung, die da ist. Das Kind sucht verunsichert den Blickkontakt zur Mama. Die Infos, die es sammelt, passen nicht zusammen. Die Folge: Fehlermeldung. Verunsicherung können Kinder schlecht vertragen. Ihnen bleiben zwei Auswege: entweder Mama total ignorieren oder noch mehr hochfahren, damit Mama vielleicht deutlichere Reaktionen zeigt.

Wenn ich mich darum bemüht habe, deckungsgleich zu sein, haben sich meine Kinder sicherer gefühlt. Ich habe geübt zuzugeben, dass ich gereizt bin – auch wenn andere Eltern oder Fremde mich kritisch beobachteten. Besser deckungsgleich und klar in der Situation reagieren, als später im Auto meine Kinder anmeckern, die verwirrt gucken, weil sie nicht verstehen, was Mama denn jetzt hat.

Dem Kind gegenüber Klartext zu reden und ihm deutlich zu zeigen, was ich denke und fühle, hilft mir, deckungsgleich zu sein.

Bezogen auf die Geschichte im Supermarkt wäre eine klare Aussage gewesen: »Bleib bei mir! Jetzt kaufen wir ein.«

Für Kinder müssen unsere inneren Dialoge deckungsgleich mit den ablesbaren Äußerungen sein. »Ich bin da!«, ist eine gute Nachricht für ein weinendes Kind. Besser als »Willst du ein Eis?« oder gar »Sei lieb!«

???

- In welchen Situationen bin ich nicht deckungsgleich für mein Kind?

VERLÄSSLICH!

»Das Wichtigste, was Kinder lernen müssen, ist Gehorsam!«, fasst eine Mutter beim Kaffeetreff zusammen. Alle nicken. Ich zucke zusammen. Wie kann ich erklären, warum diese Annahme in meinen Augen falsch ist? Ich sehe vor meinem inneren Auge stumm nickende Kinder, die böse Dinge über ihre Lehrer oder Eltern denken und zwar nach außen gehorsam sind, aber innere Kämpfe ausfechten. Ich sehe brav helfende Kinder und störungsfreie Autofahrten, aber Kinder, die den inneren Kontakt zu ihren Eltern verloren haben. Während ich meinen Vorstellungen nachhänge, tauschen sich die anderen Eltern über Kinder aus, denen man unbedingt klar zeigen müsse, wer der Herr im Haus sei. Jetzt bin ich gefragt!

Das Wichtigste, was Kinder lernen müssen? Können Eltern so eine Art Ranking überhaupt für alle Kinder gleich beantworten? Ich spüre, wie ich aus dem Familienalltag in eine weitere Ebene greife. Für mich ist das Wichtigste, dass meine Kinder mit Gott in Beziehung stehen. Und dass sie mit mir und anderen in Beziehung stehen. Dieser Gedanke stammt nicht von mir. Jesus Christus selbst hat diesen Hinweis als »wichtigstes« Gebot bezeichnet: »Du sollst den Herrn, deinen Gott, lieben, von ganzem Herzen, mit ganzer Seele und mit all deinen Gedanken! Das ist das erste und wichtigste Gebot. Ein weiteres ist genauso wichtig: Liebe deinen Nächsten wie dich selbst« (Matthäus 22,37-39).

Immer wieder erlebe ich, dass Eltern zwar Christen sind, aber nicht wissen, wie sie als Christen erziehen. Mir geht es dabei um die Ausrichtung meiner Gedanken, meines Tuns und meiner Hoffnungen.

Als ich selbst Kind war, habe ich die Erklärung meiner Mutter, warum ich lebe, sehr geliebt: »Du lebst, um Gott eine große Freude zu machen. Du bist dazu da, dich lieben zu lassen und Gott und Menschen zu lieben. So wie du es gut kannst, wie es zu dir passt!« Diese Ausrichtung hat geprägt, wie ich meine Lehrer behandeln sollte, wie ich meine Ziele setzen sollte und meine Eltern achten. Ich spanne diesen Bogen zusammen mit meinem Mann auch so für unsere Kinder. Das Wichtigste, was ich aus der Bibel lesen kann, ist: Ich will die Welt gemeinsam mit meinen Kindern entdecken und sie auf Gottes Ideen und seine Größe hinweisen. Das versuche ich.

Klare Worte

Praktisch heißt das: Wenn mein Mann sagt: »Zähne putzen« ist er dabei genauso verlässlich, wie wenn er verspricht, Gummibärchen zu kaufen. Wenn ich sage: »Sei vorsichtig mit deiner Schwester!«, ist das mit allen Folgen so wichtig, wie wenn ich rufe: »Überraschung für alle!« Unsere Kinder sollten vom Kleinkindalter an sicher sein, dass wir zu unserem Wort stehen. Sie dürfen dabei Erfahrungen machen, wo das klappt und wo nicht. Sicherheit ist Geborgenheit und von Geburt an notwendig für den Menschen. Klar und verlässlich zu reagieren, gibt den Kindern einen sicheren Raum. Raum für Tests und Trotzanfälle, die unsere innere Liebeszusage überprüfen wollen. Raum für das raumgreifende, wachsende Ich unseres Kindes.

Einmal hatte unser Sohn einen Freund zu Besuch, mit dem er lustigen Unfug plante. In meinen Augen sollte dieser Plan aber nicht umgesetzt werden. Ich war alles andere als amüsiert, denn die Jungs hatten schon viele »gute« Ideen an diesem Nachmittag gehabt. Ich rief die Treppe hoch: »Kein Kleister im Kinderzimmer, sonst ist die Spielzeit beendet und Tobi muss gehen.« Ich hörte Getuschel. Tobi meinte: »Na und? Merkt die doch eh nicht. Los, komm!« Aber mein Sohn erwiderte: »Sag das nicht. Wenn Mama was sagt, hält sie es auch. Komm, wir spielen Lego.« Ich habe mich nicht über meinen Triumph gefreut, sondern darüber, dass Tarik sich auf unsere Reaktionen verlassen kann – im täglichen Ringen um Klarheit und Nähe.

Gehorsam allein verliert den anderen aus dem Blick. Das merken Kinder. Sie fangen an zu testen und zu probieren, ob die Liebe der Mutter oder des Vaters standhaft bleibt. Dem Kind hilft es, wenn Eltern ihr Wort halten. Dabei hilft es auch, Gott zu glauben, dass er Wort hält. Das will ich. Daran arbeite ich.

???

- Was ist für mich das Wichtigste in der Erziehung?
- Wo bin ich klar und verlässlich? Wo kann ich das noch üben?

!!!

- Ich gebe und halte bewusst Versprechen, um das verlässliche Gefühl zu fördern.

DAUERNÖRGELNUMMER

Ich bin beleidigt wie ein Teenager! Mein Geburtstag ist so eine Sache: Ich hätte ihn gern mit einem echten Geburtstags-Feeling, kann aber selbst nicht genau sagen, wie ich es gerne hätte. Auf alle Fälle sind Leute zum Feiern eingeladen, und schon eine Woche vorher bitte ich unsere Kinder um Hilfe. Stummes Nicken nimmt den Wunsch zur Kenntnis. Die Planung ihrer Wochenenden aber macht mir klar: Hier hat niemand Zeit eingeplant, um mich beim Putzen zu unterstützen. Ich schreibe eine launige Nachricht in unsere WhatsApp-Familiengruppe. Keine Reaktion. Am Sonntag platze ich dann, als um 17.45 Uhr klar wird: Heute Abend kommen noch einige Jugendliche zum Filmschauen. Innerlich stampfe und heule ich wie eine Dreijährige, der ein Eis verwehrt bleibt. Sieht mich denn keiner?
Bei dem Versuch, eine Aussprache ganz erwachsen zu gestalten, höre ich von drei Teens: »Du redest so wischiwaschi. Es ist doch alles paletti hier. Du hättest klarer sagen sollen, was zu tun ist.« Sind denn alle meine Versuche, sie zu liebevollen, aufmerksamen Menschen zu erziehen, gescheitert? Sehen sie denn nicht, dass die Küche noch Reste vom Crêpes-Essen aufweist? Spüren sie denn nicht, dass ich Unterstützung brauche?
Ich grummle vor mich hin. Mein Sohn setzt sich zu mir auf die Treppe. Er spürt: Körperkontakt ist jetzt Mist. Er behält Abstand.

Ich erkläre noch mal meine Enttäuschung: Filmabend, wo ich doch auf gemeinsames Putzen eingestellt war. »Sonntags? Mama! Du hast uns doch mit so viel Mühe beigebracht, dass Sonntag der Pausentag ist. Denk dran: Wir sind Teenager. Wir sagen immer erst mal: Nö! Und nörgeln rum. Wieso hast du keine Liste gemacht, so zum Abstreichen – das machst du doch sonst. Sag klar, was wir tun müssen und bis wann.« Als ich verblüfft nicke, umarmt mein Sohn mich. Aufgerüttelt schreibe ich eine Liste.

Die Eckpunkte für schlechte Gefühle aus diesem Beispiel kann ich in vielen Alltagssituationen entdecken. Ich ärgere mich über die Gummistiefelspur durch das Haus zum WC und halte einer Dreijährigen lange Vorträge. Stattdessen hätte ich lieber schneller »Stopp!« rufen sollen, wenn der Flitzer durch das Haus will oder den Spurenleger zum Wegwischen bringen sollen.

Viele Dauernörgelnummern kann ich verhindern, wenn ich in den ersten Jahren mit den Kindern übe, wo und wie die Schuhe, Jacken, Taschen, Haarbürsten und leeren Joghurtbecher hinkommen. Diese Mühe lohnt sich. Denn wenn ich es mir in den ersten Jahren bequem mache, werde ich später schnell zu einer Nörglerin und Stimmungsvergifterin. Und dabei fühle ich mich noch alleine und erschöpft und überhaupt nicht gesehen.

Richtig doofe Muttersätze

Jedes Kind kann lernen, im Haushalt Verantwortung zu übernehmen. Jedes Kind braucht eine Aufgabe, um sich an Familie beteiligt zu wissen. Wenn ein Kind keine Alltagsaufgaben übernimmt, bis es sechs Jahre alt ist, wird es ihm schwerer fallen, zwischen Handeln und Folgen eine wirksame Schlussfolgerung zu ziehen. Ein Teenager kam bei der Wohnwoche in der Kirchengemeinde einmal aus der Dusche und rief mir zu: »Steffi, die Dusche sieht schlimm aus. Sie müsste mal geputzt werden!« Mein Blick war scheinbar Antwort genug, denn er suchte kurz danach das Putzmittel.

Kinder brauchen Übung: Ich esse – ich stelle meinen Teller zurück. Ich spiele – ich räume das Spiel auf. Ich ziehe Socken aus – ich bringe sie in die Wäschetruhe. Das üben wir allerdings immer noch mit unseren Teens. Liest sich das seltsam? Ich kenne tatsächlich Kinder, die bis zur Schule nie ihren Becher weggeräumt haben, nie abtrocknen durften und denen das Aufräumen des Memoryspiels von den Eltern abgenommen wurde.

Noch wichtiger als das Einüben des Mitdenkens ist aber die Art des Miteinanders. Hier sind zuerst die Eltern gefragt: Spreche ich im Tonfall der Liebe oder des Nörgelns? Ich sage oft so richtige doofe Müttersätze: »Wenn ich alles für euch tue, dann seid ihr zufrieden. Aber wenn ich euch mal brauche...« Oder: »Das erledigt sich nicht von selbst!« Ich vermittle damit den Kindern, dass sie keine Ahnung vom Leben haben. Und das will ich doch gar nicht. Im Gegenteil: Ich versuche doch, ihnen beizubringen, ihr Leben zu meistern. Ich will ihnen vermitteln: Du bist Profi für dieses Leben. Du kannst... Du wirst... Gerade im Einüben der Lebenswirklichkeit gibt diese Haltung Rückenwind, viel mehr als das Nörgeln.

Ganz praktisch helfen Kindern sichtbare Hinweise. Zum Beispiel eine Liste mit drei Tätigkeiten: Lego aufräumen, Papiermüll rausbringen, leere Flaschen in den Keller bringen. Für Kinder, die noch nicht lesen können, bieten sich hier Zeichnungen oder Symbole an. Auf dieser Liste kann das Kind abstreichen, was erledigt ist. So erlebt es seine Wirksamkeit doppelt: durch das Tun und durch das Abstreichen auf der Liste. Bei uns hat sich bewährt, wenn ich zum Beispiel an Samstagen zehn Aufgaben aufschreibe und alle drei Kinder sich für je drei Jobs eintragen können. Auch wenn mir klar ist, dass »Toiletten putzen« immer übrig bleibt. Inzwischen sind alle Kinder über 13. Heute leben wir mit einem »Haushaltsrad«. Wir haben verschiedene Aufgaben notiert, jeder hat mal frei und sonst dreht sich das Rad. So lernen alle Kinder Wäsche waschen, das Bad putzen und Rasen mähen.

Und meine Geburtstags-Putz-Geschichte? Ich bin schniefend abgedüst – zum Lesen in ein Café. Nicht ohne die gewünschte Liste dazulassen und die zeitliche Vorgabe: »Vor dem DVD-Abend«. Die Kinderschar hat sich doch noch vom Chillen aufgerappelt und mit Eifer alle Punkte abgehakt. Mit dem Sohn habe ich noch ein Gespräch gesucht. Er hat mich toll getröstet, darf sich aber auch von meinen Tränen nicht verantwortlich machen lassen. Aber das ist ein anderes Thema ...

! ! !

Praxisideen:

- Mit zwei Jahren können Kinder die Toilettenpapierrollen im Blick behalten.
- Mit drei Jahren können sie den Papiermüll rausbringen.
- Mit vier Jahren können sie die Treppe abwischen.
- Mit fünf Jahren können sie den Kühlschrank ausräumen, auswischen und einräumen.
- Mit sechs Jahren können sie üben, Spiegel abzuwischen oder einen Geschirrschrank auszuwischen.

- Mit sieben Jahren geht alles außer Fensterputzen – das kann ich bis heute nicht ...

???

- Welche Nörgelmomente habe ich immer wieder?
- Wie können sie entschärft werden?
- Wo muss ich klarer mitteilen, was ich will?

JAMMERTAL

Die Lippe des Mädchens schiebt sich nach vorne. Eine kleine Stirn runzelt sich in viele Falten. Das Gesicht wird in die Seite der Mutter gedrückt, die sich nach einem anregenden Gottesdienst unterhalten möchte. »Ich will 'n Keks!«, jammert sie in Mamas Pulli.

Was kann die Mutter in dieser Situation tun?

Ignorieren: Das Kind lernt, dass es nicht gehört wird, und jammert noch mehr.

Handeln: Das Kind braucht jetzt Kekse und die Mutter wird mit dem jammernden Kind losziehen, um ihm welche zu besorgen. Das Kind lernt: Wenn ich jammere, habe ich Erfolg. Und: Ich brauche meine Mutter, um meine Interessen zu vertreten.

Anschnauzen: »Lass mich in Ruhe!« Das Kind lernt: Meine Äußerungen sind nicht wichtig.

Zuhören: Das Kind lernt: Meine Mutter hört mich und versteht mich.

Vollstopfen: Die Mutter lässt das Kind im Rucksack nach Keksen und Bonbons suchen oder gibt dem Kind eine Dose mit Reiswaffeln. Kind lernt: Ich muss auf ein Bedürfnis sofort eine Lösung finden.

Zuhören und erklären: Das Kind lernt: Meine Mutter hört mich und ich schaffe es, unangenehme Gefühle auszuhalten.

Das Jammern und Maulen von Kindern kann Familien viel Freude kosten. Es kann ihnen viele Möglichkeiten nehmen, liebevoll zu sein und die Atmosphäre vergiften. Ich bin eine Freundin vom Zuhören und Erklären. Ich höre mir den Kummer an, nehme ihn wahr, aber ich möchte nicht sofort agieren, um Kekse, Pommes oder Spielzeug herbeizuschaffen.

Ich schaffe das nur selten und tappe schnell in die Falle, wenn mein Kind jammert. Ich will es gern ruhig haben oder rede ihm ein, müde zu sein. Aber damit nehme ich ihm die Chance, Frustrationstoleranz zu üben. Mit mir und an mir. Auch an meinem klaren »Stopp!«

Warum haben wir Angst, »Nein« zu sagen? Oder das Heulen auszuhalten, weil der Stockbrotteig leer ist? Warum rufen wir als Eltern empört: »Das ist ungerecht! Es muss mehr Kekse und Stockbrot geben!« – nur damit das Kind nicht trauern muss, nicht weint, ruhig ist? Weil wir denken, dass wir nur dann gute Eltern sind?

Das Leben ist ein Übungsfeld für das Teilen. Das Zu-kurz-Kommen auszuhalten, zu warten, mich zurückzunehmen. Gut, wenn Kinder das üben. Und ich erst.

Klar-Stellung

Zerstörerische Wut

Ich bin ein Sonnenschein, fröhlich, mutig, belastbar. Dachte ich
zumindest, bis meine neue Rolle als Mutter mich so forderte,
dass ich erschrocken erstarrte und meine Wut kennenlernte.
Zwei Szenen aus meinem Muttersein:
Unser Kind war kaum zwei Wochen alt, da habe ich schon
Bekanntschaft gemacht mit der brodelnden Kraft in mir. Es lief
alles gar nicht so, wie es sollte. Das Muttersein war so an-
strengend und fordernd. Ich war nicht nur für mich, sondern
auch für mein Kind verantwortlich, bekam nicht mehr meine
Ruhe. Und manches klappte überhaupt nicht so, wie ich es mir
erträumt hatte. Ich war so stark herausgefordert damit, meine
eigenen Vorstellungen vom Tag und von der Nacht zu verteidigen, dass ich sehr viel Kraft zum Wütendsein verbrauchte.
Ein paar Jahre später zog ich als Mutter von drei Kindern mit
Baby im Kinderwagen, Vorschulkind und Kindergartenkind
in den Supermarkt. Aber ein Kind hüpfte wieder raus, ohne auf
meine Rufe zu reagieren. Es hüpfte vor sich hin – dicht an
einer großen Straße. Die Klauen der Angst haben so schnell
nach meinem Herzen gegriffen – ich konnte gar nicht mehr
denken. Außer mir bin ich hinter dem Hüpfekind hergerannt
und habe es unsanft eingefangen. Meine Gestik und Mimik war
alles andere als mütterlich. Ich habe mein Kind beschimpft.
Irgendwann sah ich in ihr Gesicht: Da stand sie, sichtlich überrascht, dass ein grollendes Untier sie aus dem Hüpfen heraus-
gerissen hatte. Und ich sah in ihrem Blick, dass sie Angst vor
mir hatte. Innerhalb von Sekunden schlich die Wut davon und
ich hockte mit dem erstarrten Kind auf dem Parkplatz: »Was tue

ich hier? Was ist mit mir passiert? Was machen Angst und Überforderung für einen wütenden Menschen aus mir?«
Auf dem Weg nach Hause habe ich schon gespürt, wie die Last der Schuld mich nach unten zog. Meine Schritte wollten im zähen Brei der Gedanken und Vorwürfe stecken bleiben.
Im Untergehen suchte ich fieberhaft Worte für meine Kinder...

Bis heute habe ich nicht akzeptiert, dass Brüllen und Austicken dazugehören. Immer wieder sagen mir Eltern:»Das ist doch normal!« Aber ich möchte nicht, dass so ausgedrückte Wut normal ist. Gerade weil ich als Christin lebe, möchte ich es nicht.

Wut, die sich unverhältnismäßig auf das Kind richtet, verletzt das Kind. Es ist seelische Gewalt und hat Folgen für das Kind. Die Botschaft, wertlos und falsch zu sein, richtet den Hauptschaden an. Psychische Gewalt kann in vielen unterschiedlichen Formen auftreten: Dauerkritik, Fertigmachen, Anschreien, Augenrollen, Zurückweisen, Liebesentzug und Ignorieren gehören dazu. All das will ich doch vermeiden. Ich will zur Charakterstärke und zum Mut erziehen. Ich gebe mir in dem einen Bereich Mühe – und zerstöre ihn durch den Wutausbruch beim Zähneputzen? Ich weiß es, und trotzdem will die Wut von Zeit zu Zeit mein Bestimmer sein.

Wut-Gespräche

Als meine Kinder klein waren, habe ich mithilfe von Tagebuchnotizen versucht herauszufinden, wann ich besonders anfällig für Wutanfälle bin. Für mich hatte es viel damit zu tun, dass ich meine Idee vom Tag, vom Spiel, von Ordnung hinterfragen lassen musste. Ich musste aushalten, dass das Leben sehr dynamisch ist und meine Pläne nicht.

Durch gute Erziehungsberatung habe ich Folgendes verstanden: Ich flippe aus bei Erschöpfung, bei dem Gefühl der Ohnmacht und bei engen Zeitfenstern.

Was tue ich, um gelassener zu werden? Vorbeugend hilft mir ausreichend Schlaf. Sehr witzig mit Kleinkindern, ich weiß. Ich habe jeden Tag versucht, Mittagspause zu machen. Ich nehme Magnesium, das gegen Verspannung hilft. Und ich spreche mit den Kindern im Nachhinein über Wutmomente. Ich höre mir ihre schmerzenden Herzen an und frage, wie sie sich während meines Wutanfalls gefühlt haben. Ich möchte wissen, was das Kind am liebsten getan hätte, und frage, was man denn tun könnte, damit es nicht wieder so weit kommt. So lernt mein Kind mit der Wut eines anderen umzugehen, denn es wird sicher nicht das letzte Mal im Laufe seines Lebens sein, dass es mit diesem starken Gefühl konfrontiert wird.

Ich versuche auszudrücken, dass ich es als große Herausforderung empfinde, diese Wut nicht als erschreckende Überraschung zu erleben, sondern Wege zu finden, mit diesem Gefühl umzugehen, die die Kinder schützen. Ein Kind hat sich von mir gewünscht, nicht mehr Hausaufgaben mit mir machen zu müssen, da es dort oft zu Auseinandersetzungen kam. Ein anderes Kind bat darum, aus dem Streit gehen zu dürfen, um nachzudenken. Das fiel mir lange sehr schwer…

Diese Gespräche tun mir weh. Sie zeigen mir die verletzte Seele meines Kindes – verletzt durch mich. Trotzdem sind diese Zeiten auch heilende Zeiten. Nicht selten konnten wir zusammen beten oder einfach zusammen weinen über das vermurkste Miteinander.

Mein Mann und ich haben uns auch vorgenommen, dass wir unsere Kinder um Vergebung bitten. Es fällt schwer, da wir uns vor unseren Kindern unsere Schuld eingestehen und vom hohen Ross der Besserwisser absteigen müssen. Aber es tut gut, es auszusprechen. Schließlich hoffen wir ja auch, dass unsere Kinder ihre Schuld eingestehen, wenn sie Fehler gemacht haben.

Wut-Bekämpfung

Hier ein paar praktische Tipps, die sich bei mir bewährt haben, wenn es schon brodelt:

Ich tanke Sauerstoff. Ich stelle mich ans offene Fenster und atme tief ein und aus. Sauerstoff fördert die Durchblutung des Gehirns und damit auch die Fähigkeit, ruhig und überlegt zu handeln. Oft bete ich dabei: »Hilf, Jesus!«

Ich setze Wut in Kraft um. Sich mit einer Arbeit abzulenken, ist ein geeignetes Mittel, die angestaute Wut sinnvoll loszuwerden. Empfehlenswert sind zum Beispiel Bettenmachen, denn da kann man in die Kissen schlagen, oder Staubsaugen, denn hierbei kann ich, ohne dass es auffällt, nebenbei noch feste vor mich hin schimpfen.

Klartext. Ich lasse nicht mehr zu, dass sich in mir Frust oder Unruhe aufstauen. Wenn ich merke, dass mich der Geräuschpegel zu sehr anstrengt, schalte ich die Musik ab. Ich achte auf mein inneres Warnsystem. Ich rufe nicht mehr zehnmal halbherzig: »Seid mal leiser!«, sondern gehe zügig ins Kinderzimmer und ziehe den Stecker der plärrenden Musik oder kassiere den Fußball ein, mit dem im Zimmer gespielt wird. Ohne große Worte.

Ich lasse mir helfen! Mir hat die Erziehungsberatung sehr viel geholfen, meine hohen Ansprüche und die schwache Rolle meiner Kinder darin zu entlarven. Wenn Wut fast schon zum Dauerzustand geworden ist, ist es notwendig und hilfreich, sich fachliche Hilfe zu suchen, zum Beispiel in einer Erziehungsberatungsstelle.

Ich bin eine Mutter, die Gott liebt und von Gott geliebt ist. Ich erlebe mein Christsein gerade in diesem Feld als starke Kraftquelle.

Wenn ich mich selbst zermalmen möchte mit Fragen und Vorwürfen, lande ich mit meinem aufgewühlten Herzen bei Jesus, dem Sohn Gottes. Er ist Spezialist für Neuanfänge und ermutigt mich, meine Schuld auszusprechen und nicht kleinzureden. In diesem Moment kann Jesus die Schuld für mich nehmen und ich darf mich aufrichten. Manchmal spricht mein Mann mir diese Vergebung auch hörbar zu, oder mittlerweile sogar meine Kinder. Diese Neuanfänge motivieren mich, mich weiter verändern zu lassen und genau hinzusehen, wieso mich Wut mitreißen kann. Die Wut ist Teil von mir, aber ich bin ihr nicht ausgeliefert.

ANGSTKLAMMER

Sebastian mag Klettern. Noch bevor er laufen konnte, ist er geklettert und auch oft gefallen. Ein paar Mal mussten seine Eltern mit ihm schon ins Krankenhaus, obwohl er erst zwei Jahre alt ist. Seine Mutter meidet Spielplätze seitdem und passt immer wieder sehr gut auf, dass Sebastian nicht noch einmal fällt.

Janna hat sich beim Trampolinspringen den Arm gebrochen. Die Fünfjährige ist fröhlich mit ihrem Gips unterwegs, aber Moni, ihre Mutter, hat nun ein ganz besonderes Auge auf Unfallquellen. Das Trampolin wurde verkauft. Moni grübelt viel, ob der Verkauf des Sportgerätes richtig war. Ist der gebrochene Arm nicht auch ein »allgemeines Lebensrisiko«? Wie soll Janna lernen, sich besser abzufangen, wenn Moni ihr alle Möglichkeiten nimmt? In ihr ringen die Sorgen um das Kind und die Angst vor Verletzungen.

In der Erziehung von Kindern ist Angst ein natürlicher Begleiter. Manche Eltern sind da besonders empfindsam und erleben durch ihre Kinder ganz neu, welche Herausforderungen das Leben bietet. Angst ist als Schutzmechanismus von Gott in uns angelegt und kann in brenzligen Situationen durch die Ausschüttung von Endorphinen ungeahnte Kräfte bereitstellen. Sorge dagegen ist eine Haltung, die eher den schlechten Ausgang einer Situation bedenkt und alle möglichen Krisen ausmalt. Erlebt das Kind seine Eltern so sorgend, kann es die Welt in dieser Färbung wahrnehmen. Bei einem Blick in die Bibel sehe ich, dass Jesus Angst vertraut ist. Er gibt uns aber den Tipp, die Sorge nicht zu pflegen. Dabei kennen Eltern dieses Sorgen zu gut: Was wird aus meinem stotternden Kind? Wird unsere Tochter jemals durchschlafen? Wie sollen wir es schaffen, unserem Sohn bei seinen Wutanfällen zu helfen? Aber die Sorge um etwas verändert die Situation nicht.

Angst um das Wohl unserer Kinder kostet auch mich Kraft. Ich habe mich entschieden, meine Kinder bewusst in Gottes Hände zu legen. Als unsere Kinder im Kindergarten waren, starb ein Erstklässler aus unserem Umfeld an einem Gehirntumor. Wellen an Sorge und Angst waren bei den Eltern des Kindergartens zu erleben und auch bei uns. Der Tumor war erst nicht entdeckt worden. Man dachte, der Junge habe einen Magen-Darm-Virus. Kann auch uns das passieren? Zeitgleich bekam die Tochter unserer Freunde Leukämie. Ich sah vor lauter Sorge bei einem unserer Kinder alle Anzeichen für Leukämie, bis der Arzt mir zuliebe eine Blutuntersuchung meines Kindes ermöglichte. Ich weiß, es klingt albern. Aber ich war so außer mir. Als das Ergebnis ein ganz gesundes Kind dokumentierte, stellte sich die Erleichterung nicht sofort ein. Erst langsam löste sich die Umklammerung um mein sorgenvolles Herz.

Herz eingeklammert

Der Umgang mit Lebenskrisen löst ganz verschiedene Reaktionen aus. Eine Frau weinte nach dem Tod des Erstklässlers wochenlang, obwohl sie die Familie nur wenig kannte. Das Herz dieser Frau war so voller Schmerz und Kummer, dass einige sich fragten, wie sie bei einem eigenen Verlust reagieren würde. Andere Äußerungen der Kindergarten-Eltern machten mich sehr nachdenklich: »Ich würde mich umbringen, wenn mein Kind sterben würde!« »Wir bekommen kein zweites Kind. Diese Sorgen hält ja keiner aus.« »Wieso wird in der Kindergarten-Gruppe davon überhaupt gesprochen? Mein Sohn soll gar nicht wissen, dass auch Kinder sterben können. Ich will diese Fragen zu Hause nicht haben.« Es kam mir vor, als würden diese Eltern eine dicke Klammer um ihr Herz schließen, um die Trauer und Hilflosigkeit nicht fühlen und bearbeiten zu müssen.

Mein Mann Henrik durfte den Jungen beerdigen. Der kleine Kämpfer hatte im Kindergarten durch die Erzieherin Jesus kennengelernt und wusste genau, dass er in einen wundervollen und sicheren Ort gehen würde. Dieser Junge hat mein Gefühl von Angst um das Leben meiner Kinder verändert. Ich habe durch ihn verstanden: Ich kann meine Kinder umsorgen und mich für sie einsetzen. Aber ich kann sie nicht flächendeckend schützen und dafür sorgen, dass sie am Leben sind und bleiben. Ich wende mich glaubensvoll an den, der Halt in meiner Angst ist. Gott kennt für jeden von uns Stunde der Geburt und des Todes. Er hält und begleitet in allen Umständen. Er lässt sich in Geburt und Tod anklagen und finden. Das unsägliche Leid einiger Familien fordert mich heraus, aber es fördert auch meine Erkenntnis, dass ich das Leben nicht voll erfassen kann.

Vom Himmel her denken

Erst vor wenigen Wochen habe ich tatenlos miterleben müssen, wie meine Schwester ihrem sterbenden Mann ein Wassereis zum Kühlen an die Lippen hielt. Keine 30 Jahre alt und das Leben vollendet – obwohl wir es so gerne anders erlebt hätten. Für mich war es grandios, in diesem tiefen, ablehnenden Gefühl der Machtlosigkeit zu erleben, wie sehr der souveräne Gott hält und Kraft gibt. Natürlich können und dürfen wir klagen, aber in diesem Seufzen gibt es diese deutlich strahlende Hoffnung. Die Hoffnung auf einen Ort, wo mein Ich nach diesem Leben einen Platz hat. Dieses Grundgefühl greift bis in meine verspannten Ängste als Mutter. Ich will entspannen und meine Kinder bei Gott gehalten wissen und das kräftezehrende Sorgen beenden. Ich will üben, mein Leben und das unserer Kinder von dem Fest im Himmel her zu denken, auch wenn es pathetisch klingen mag ...

Wir können als Eltern gute Grundbedingungen legen: unseren Kindern die Fahrradregeln im dichten Verkehr erklären und sie einüben und einen Helm aufsetzen lassen. Wir können unsere Kinder zu Selbstverteidigungskursen und Sportgruppen schicken, damit sie ein sicheres Auftreten haben.

Aber: Wir dürfen das Sorgen beenden und uns aus der Angstklammer befreien. Sie kneift das Herz zusammen. Die Angstklammer beschert Enge und verhindert das Entfalten des Wesens. Jemand, der immer mit der Angstklammer lebt, kann die freien und mutigen Menschen nur als »unweise« und »unvorsichtig« verstehen. Aber es ist wichtig, sich nicht von der Angstklammer bestimmen zu lassen. Und Sebastians Mutter? Sie könnte sich jeden Tag bewusst auf einen Spielplatz stellen, um die Angstklammer loszuwerden. Und Moni könnte mit Janna fallen üben beim Judotraining.

Bei unserer Angst werden im Gehirn starke Gefühle aktiviert, und die stärken die Gehirnautobahnen. Gefühle und Erlebnisse lösen starke Vernetzungen aus (s. Kapitel »Verknüpfungen«). Unsere Kinder haben diese Vernetzung nicht (immer) bei den Themen, die uns als Erwachsene sorgen, und das ist gut so. Schützen wir unsere Kinder zu sehr, können sie keine Erfahrungen zum Thema Klettern, Gewitter, Hunde und Hinfallen machen. Dabei sind das Erfahrungen, die sie stärken. Meine Sorge als Mutter wird zu einer Entwicklungshemmung für mein Kind. Hilfreich kann es sein, das Thema ganz sachlich zu betrachten: Wie funktioniert Klettern? Wie oft sind wir schon in unserem Leben gefallen, ohne uns zu verletzen? Erinnern wir uns an spannende oder auch gefährliche Dinge, die wir erlebt und überlebt haben?

Angstklammern von Kindern werden mit vielen kleinen Gesprächen langsam gelöst. Marie hatte, seit sie fünf Jahre alt ist, eine diffuse Angst vor Einbrechern – ohne je irgendwelche Erfahrungen mit ihnen gemacht zu haben. Immer mal wieder haben ihre Eltern morgens festgestellt, dass nichts passiert war, oder einfach mal über Sicherheit am Haus gesprochen und abends Gott um Schutz gebeten. Die Eltern haben sich um Gelassenheit bemüht, um dem Thema keine Emotionen als Verstärker von Maries Ängsten zu geben. Heute als Teenager ist für Marie die Angstklammer gelöst. Wenn die Eltern den Eindruck haben, die Kinder sammeln weitere Angstklammern, sollte eine professionelle Unterstützung gesucht werden. Der Kinderarzt kann Kindertherapeuten oder Psychologen empfehlen. Es reichen oft wenige Termine und Eltern können das »Plopp!« der aufspringenden Angstklammern hören.

???

- In welchen alltäglichen Bereichen bin ich ängstlich?
- Von wem kann ich lernen, weniger angstvoll zu sein?
- Welche Sorgen will ich zum Schweigen bringen?
- Wie kann mir das Sorgen-Stoppen im Alltag gelingen?
- Wo kann ich mein Kind befähigen, Schwierigkeiten zu meistern?

!!!

- Kinder haben Ängste. Sie brauchen gelassene Eltern, keine ignorierenden Eltern.
- Kinder sollen die Ängste der Eltern nicht erben. Sie haben genug eigene Themen zu bewältigen.
- Tipp für Kindergartenkinder: Das Buch »Alles wird gut« von Lysa TerKeurst (Gerth Medien) spricht das Thema Furcht an und vermittelt in liebevollen Bildern, dass Gott in allen Situationen nah ist.
- Tipp für Schulkinder: Starten Sie eine Familienrunde: Was kann ich tun, wenn ich Angst habe? Alle überlegen zusammen, was hilft, wenn die Furcht groß ist: Freunde anrufen, Musik hören, beten...

FARBNUANCEN ENTDECKEN

In der Eltern-Kind-Oase haben wir ein Experiment gemacht: Eine Rose wurde in Wasser mit Tinte gestellt. Sie hat die Flüssigkeit eifrig aufgesogen. Ich musste sogar Tinte nachfüllen, weil die Farbe im Wasser weniger wurde. Aber erst nach einem Tag zeigten sich an der Blüte erste Farbschatten.

Jeder von uns hat in seiner Kindheit Dinge aufgesogen, die vom Umfeld gefärbt wurden: wunderschöne Momente, die uns gefördert und gestärkt haben, aber auch Blicke und Sätze, die uns heute noch seufzen lassen oder sogar Kummer machen. Das, was wir aufgesogen haben, macht uns in seiner Gesamtheit zu dem, wer wir sind.

Manche Färbungen werden erst für uns sichtbar, wenn wir selbst Eltern werden. Wie bei der Blume brauchte es eine Zeit, bis die Farbe sichtbar wird. Auch bei uns sind manche Nuancen mit Verzögerung zu sehen. Zum Beispiel wenn ich anders handele, als ich von mir denke oder hoffe.

Ich möchte zum Beispiel gern ein warmes, heimeliges Haus haben. Aber Menschen, die uns besuchen, spiegeln mir immer wieder: Wie könnt ihr in diesem Chaos leben? Das ist oft liebevoll gemeint, aber es wirft mich zurück in meinem Versöhnt-Sein mit mir und meinem Ordnungssinn. Ich werfe einen Blick in mein Büro und mein Wäschezimmer und weiß, was gemeint ist...

Ich habe einiges aufgesogen, das mich bis heute färbt. Und ich lebe damit, diese Farbe kennenzulernen. Gerade auch für das Muttersein habe ich viele Dinge aufgesogen: Backe und koche gut, sei streng, Kinder müssen sich ruhig alleine beschäftigen, sei sauber. Als ich Mommy wurde, stellte ich fest: Ich backe grottig, bin eine wankelmütige Diskussionspartnerin und trage ein oft weinendes Baby umher. Ich bin so falsch und ungenügend als Mutter. Meine aufgesogenen Überzeugungen machen mir das Leben schwer.

Versöhnt

Irgendwann habe ich mich auf den Weg gemacht, auch andere Farbnuancen wahrzunehmen. Dazu wurde ich durch andere Mütter inspiriert. Ich habe gelernt, ein Kunstwerk in mir zu sehen, das aus den vielen verschiedenen Färbungen entstanden ist. Aussagen der Bibel bestärken mich darin. So nehme ich zum Beispiel Jesaja 43, 4 persönlich: »Weil du in meinen Augen kostbar bist und wertvoll und weil ich dich liebe...« Mein Wert steht fest. Er wird nicht durch meine Erfahrungen und Gefühle bestimmt. Ich bin herrlich, weil ich es wert bin. Das ist Gottes Blick auf mich: Er sieht nicht das Falsche oder Schräge, das ich mitbekommen habe. Gott sieht die Chance, das Aufgesogene zum Guten dienen zu lassen, und die Möglichkeit der Heilung. Wow! Und so kann ich versöhnt werden mit mir und mit meinem Muttersein.

Das alles gilt übrigens auch für unsere Kinder: Das, was sie an Farbnuancen in unserem Miteinander aufsaugen – auch die Missstimmungen und »Fehler« im Erziehen –, kann Gott zum Kunstwerk werden lassen.

???

- Welche Dinge habe ich aufgesogen?
- Was entdecke ich an mir?
- Womit sollte ich mich versöhnen?

VORBILDER

Eine Bekannte zeigt mir ihr Handy: »Guck mal! Lustig, oder?«
Ich sehe einen Comic mit einigen Zeilen auf dem Display,
der den 24-Stunden-Job der Mütter skizziert und sich über unfähige Väter lustig macht. »Passt doch voll!«, sagt sie und
nimmt einen Schluck von ihrem Cappuccino. »Keiner rackert
sich so ab wie wir Mütter.«

Welche Mütter nehme ich mir zum Vorbild? An wem orientiere ich mich? In sozialen Netzwerken und Blogs kursiert so ein Mutterbild, bei dem ich Bauchschmerzen bekomme:

- »Ich reiß mir den A ... auf und keiner dankt es mir!«
- »Ich renn ständig und bring allen was. Aber mir bringt nie mal einer einen Kaffee.«
- »Ich kann nie mal in Ruhe mit meiner Freundin texten.«
- »Ständig will mein Kind, dass ich mit ihm bastele. Aber ich hasse Basteln.«
- »Kind abzugeben ...«

Ich habe den Eindruck, manche Mütter baden sich in Selbstmitleid. Statt etwas an der Situation zu ändern, wenn sie für sie nicht erträglich ist, entscheiden sie sich fürs Jammern. So ein Muttersein will ich mir nicht zum Vorbild nehmen.

Ich habe andere Vorbilder.

Mütter,

- ... die Gelassenheit üben und tanzend Erfolge feiern.
- ... die ein Herz für andere haben, auch für ihre und andere Kinder.
- ... die Bastelzeiten in den Tag mit einplanen, egal wie viel Dreck es macht.
- ... die mit den Kids zusammen kochen, auch wenn es doppelt so lang dauert.
- ... die nicht stöhnen, wenn das Apfelsaftglas umkippt.
- ... die sich auf die Ferien freuen, weil sie dann Zeit mit den Kindern verbringen können.

- ... die nicht abfällig über ihre Kinder reden.

Mütter, die sich ihrer Lebenssituation stellen und versuchen, sie zu bewältigen, beeindrucken mich. Mütter, die Gutes über ihre Kinder und ihren Mann reden. Mütter, die nicht über inkompetente Erzieherinnen und Lehrer meckern und ihnen die Schuld zuschieben, wenn etwas nicht gut läuft.

Falsches Mutterbild

So möchte ich als Mutter sein. Aber es ist gar nicht so einfach. Ich muss genau hinsehen, wo ich zu feige bin, Klartext mit dem Kind oder dem Lehrer zu reden. Ich habe mal wochenlang Groll auf eine Lehrerin gepflegt. Ja, obwohl ich Christin bin. Es ging um Matheaufgaben in der Grundschule – Zahlenpyramiden. Jeden Tag bei den Hausaufgaben gab es Stress zwischen mir und dem Schulkind. Irgendwann – viel zu spät – hatte ich den Mut, mich zu fragen: »Warum muss mein Kind alles können? Warum habe ich Angst, dass es nicht mitkommt? Was sagt meine Angst meinem Kind? Was lernt es grad vom Leben: Ich bin falsch?«

Schließlich hatte ich den Mut, die Lehrerin anzusprechen. Ihre Reaktion erstaunte mich: »Vielen Dank, Ihre Rückmeldung ist mir sehr wertvoll. Ich fand die Pyramiden auch immer zu schwer, aber nie hat jemand etwas gesagt. Das Kind soll unbedingt allein die Hausaufgaben machen, damit es Mut zur Schule bekommt und sieht: Ich schaffe es allein. Und wenn sie nicht alles schafft, ist das nicht schlimm!«

Ich habe mich so geschämt. Ich habe meinem Kind den Lernstart erschwert, weil ich Angst hatte, eine falsche und schlechte Mutter zu sein. Ich habe so viel Wut, Groll und Leidenschaft in das Feindbild

»Lehrer« gelegt. Seit diesem Zeitpunkt segnen wir Lehrer, geben ihnen konstruktive Rückmeldungen und gehen erst mal davon aus, dass unseren Kindern Gutes widerfährt.

Ich möchte als Mutter nicht über mein Kind jammern und das, was ihm guttut, abwerten. Ich will nicht mit Seufzen vorlesen oder Bügelperlen aufsammeln. Ich möchte nicht meine Ordnung oder meinen Sinn für Deko-Schönheiten bedroht sehen, wenn die kleinen runzeligen Knetmännchen auf meiner Fensterbank landen. Vor allem aber lasse ich mich durch Vorbilder motivieren, Mutter zu sein, wenn mein Kind zum Arzt muss, eine Übernachtung bei Freunden ausprobieren möchte oder wenn ich mich an einem schönen Tag auf dem Spielplatz aufhalte. Ich möchte im Hier und Jetzt sein, um mein Kind zu stärken. Ich möchte ihm nicht – auch nicht im Geheimen – die Botschaft vermitteln: »Du nervst mit deinen Bedürfnissen!« Ich überwinde mich, in den Zoo oder ins Schwimmbad zu gehen. Das ist nichts, was mir superviel Spaß macht, aber es geht auch nicht um mich. Ich stehe als Mutter vor dem Giraffengehege und sehe nicht auf die langen Schlangen vor den WCs, sondern auf die Begeisterung meiner Kinder.

Ich will mich täglich neu motivieren lassen, Gutes zu sprechen und meine Trägheit zu überwinden. Ich will mir Vorbilder suchen, die mich in meiner Art, Mutter zu sein, bestärken.

???

- Welche Floskeln kenne ich über das Mutter- oder Vatersein?
- Wie kann ich Situationen verändern, mit denen ich unzufrieden bin?
- Wen nehme ich mir zum Vorbild?
- Bin ich auch Vorbild für andere?

MUTTERTRÖSTER

Timons Papa und seine Geschwister wollen in der Kirchengemeinde an der Silvesterfeier teilnehmen. Timons Mama nicht.
Deshalb bleibt Timon (6) auch zu Hause. Damit Mama nicht
allein ist. Dieser kleine Junge hat verstanden, dass seine Mutter
mit dem Leben nicht klarkommt. Timon ist gut darin zu spüren,
was Mama braucht. Wenn er alles richtig macht, ist sie nicht so
traurig. Er muss sich nur noch ein bisschen mehr anstrengen
und noch mehr helfen.

Was für eine Last! Dieses Geflecht mitzuerleben, hat mich sensibel
für mein Verhalten mit meinen Kindern gemacht: Die Rollen zwischen Eltern und Kindern müssen klar bleiben. Ich darf es nicht
zulassen, dass meine Kinder die Erwachsenenposition einnehmen.
Klar dürfen sie gerne mitfühlend einen warmen Tee machen, wenn
ich mit einer Erkältung durchhänge. Sie dürfen wissen, dass es
keine weiteren Reisen geben kann, weil die Finanzen es nicht her-
geben. Sie können viele Dinge mitdenken.

Kinder haben jedoch ein sehr feines Gespür, ob die Eltern die
Verantwortungsträger bleiben oder ob sie »einspringen« müssen.
Kinder lieben ihre Eltern und wollen nicht, dass ihre Eltern unglücklich sind. Hat das Kind eine Idee, wie es diese Krise abwenden kann,
wird es sich reinhängen.

Unsere Tochter hat einmal einer Lehrerin gesagt, wir könnten nicht am Elternsprechtag teilnehmen. Als ich mit ihr darüber
sprach, kam heraus, dass sie uns schützen wollte: »Ihr habt doch
schon so viele Termine.« Hier war es nötig, ihr zu erklären, dass es
zu meinem Job als Mutter gehört, diese Termine wahrzunehmen.

Und vor allem, dass sie nicht dafür verantwortlich ist, auf uns aufzupassen und uns zu entlasten. Ihre Unsicherheit, ob wir auch gut auf uns achten, hat mich bewegt und veranlasst, bessere Signale für sie zu setzen: Uns geht es gut!

Überblick behalten

Ich kenne Menschen, die haben davon berichtet, wie Kinder auf einer Familienfeier die ganze Zeit dicht bei dem Vater blieben, mit ihm scherzten und spielten. Der Mann hat eine sehr schlechte Beziehung zu seinen Eltern und hatte vor der Feier geäußert, wie unwohl er sich fühle bei dem Gedanken an das Fest. Die Kinder haben unbewusst einen Schutzschirm gebildet. Bleibt es bei einzelnen Ereignissen, ist es nicht schlimm, wenn Kinder ein guter Tröster sind. Oft aber fühlen sich die Eltern wohl damit, umsorgt zu werden und die Zuständigkeit kippt.

Timon konnte sich selbst nicht mehr spüren, sondern nur noch die Gefühlslage der Mutter. Er verzichtete sogar auf das fröhliche Fest, um auf seine Mutter aufzupassen. Was wäre passiert, wenn auch er gegangen wäre?

Gerade für Eltern, die allein ihre Kinder erziehen, ist diese innere Verbindung eine Herausforderung. Es gibt keinen weiteren Erwachsenen, mit dem man sich austauschen kann, der korrigiert oder ermutigt. Schnell rutscht das Kind in die Verantwortung, Entscheidungen mitzutreffen, die nicht altersgemäß sind. Natürlich kann ein Kind einen Kinofilm auswählen oder entscheiden, welche Freunde besucht werden sollen. Aber den Wechsel der Wohnung oder den Umzug zu den Großeltern mit dem Kindergartenkind zu beraten, ist eine Überforderung. Diese Entscheidung ist eine Erwachsenen-Entscheidung, und das Kind darf Geborgenheit erleben, indem es diese umfassenden Abwägungen nicht mitdenken muss.

Kinder brauchen die Sicherheit: Meine Eltern haben den Überblick. Wenn ein Kind für seine Sicherheit selbst sorgen muss, verliert es die Fähigkeit zu vertrauen. Eltern sind daher aufgefordert, hinzusehen, ob ihr Kind Dinge tut oder lässt, weil »es Mama dann viel besser geht« oder weil »Papa es sich so wünscht«.

Ich hörte letztens eine Fünfjährige zu ihrer Mutter sagen: »Wir machen es so: Wir gehen nur schnell ins Schwimmbad und dann kochen wir Papa etwas, damit er nicht schimpft.« Um die Tochter aus der Erwachsenen-Falle zu entlassen, wäre hier folgende Reaktion richtig: »Gute Idee. Aber wenn ich sage, wir gehen schwimmen, dann ist es auch so. Ich mache mir dann schon Gedanken, was ich später koche.«

???

- Wie lerne ich, meine Entscheidungen für mich zu treffen? Mit wem kann ich mich beraten?
- Welche Sätze von mir überfordern mein Kind?
- Wo lasse ich meine Kinder für mich entscheiden?
- Wo übernimmt das Kind Verantwortung für mich?

SCHULDVERSCHIEBER

Mir erzählen viele Menschen Dinge, die ich gar nicht hören will. Das liegt hauptsächlich an mir. Ich bin ein offener Zuhörer und schnell höre ich Dinge, die sich nicht gut verdauen lassen. Ich übe mich darin, schneller »Stopp!« zu sagen. Oder: »Ist das wirklich nützlich, wenn ich das jetzt weiß?« In diesen Gesprächen geht es darum, wer mit wem Streit hat und wieso, wer sein Kind falsch erzieht und wieso und wer sich verschuldet und wieso. Wer schlecht kocht und wieso, wer die Tür offen gelassen hat und wieso, wer sein Handy zu viel/zu wenig nutzt und wieso. Und besonders: wer sich übersehen/verletzt/missachtet/übervorteilt fühlt und wieso. Es geht darum, wer schuld ist! So einfach ist das ...

Wer kennt nicht den schnell rausgehauenen Satz: »Ich war das nicht!«? Seit Jahren übe ich mit unseren Kindern, diesen Satz nicht zu nutzen. Er ist ein fieser Schuldverschieber. Schwierige Angelegenheiten können nicht gelöst werden, wenn alle sich zurückziehen. Und in diesem Rückzug geradezu genießen, dass jemand anders schuld ist.

Schuld zu klären, gehört in die Phase der Kindheit. Hier ist diese Reaktion natürlich, und wer sich oft falsch behandelt gefühlt hat, wird umso schneller rufen: »Ich war es nicht!« Bei manchen dauert diese kindliche Phase allerdings an, bis ins hohe Alter: »Ich war es nicht, der die Beziehung zu den Kindern so kühl hat werden lassen ...« »Ich wollte diesen Kurs der Kirche nicht mitgehen ...« »Ich habe den Druckauftrag nicht veranlasst, der 1 000 falsche Kopien ausgelöst hat!«

Aus der Bibel kenne ich eher die selbstkritische Frage: »Herr, bin ich's?« Bin ich es, die die Tür offen gelassen hat? Die jemanden ausgeschlossen hat? Die neidisch ist auf die tollen Möbel/Reiseziele/Kinder der anderen? Erwachsen werde ich, wenn ich es aushalte, mein Verhalten und mein Fehlverhalten anzusehen. Wenn ich es schaffe, mich zu entschuldigen und die Folgen meines Handelns zu tragen.

Viele Eltern geben an dieser Stelle auf: Es wird es bisschen geschimpft, wenn das Kind sich falsch verhält. Aber die Folgen eines Fausthiebs oder eines zerstörten Spielzeugs für den Geschädigten werden oft nicht thematisiert. Dabei ist es auch für Kinder wichtig, dass sie sich die Folgen ihres Handelns ansehen. Nur so können sie lernen und reifen.

»Ich war es nicht!« schiebt Versagen und Unvermögen dem anderen zu. Dabei habe ich das gar nicht nötig. Denn meine Schuldfrage ist geklärt. Ich bin durch meine Freundschaft zu Jesus entlastet. Diese Entlastung darf auch in der Familie greifen. Mein ehemaliger Chef hat immer gesagt: »Ich will nicht wissen, wer es war, sondern was wir daraus nun machen können.« Bei ihm war eine erwachsene und entspannte Arbeitsatmosphäre möglich.

Daran will ich denken, wenn ich eine Überweisung vergessen oder jemanden verletzt habe – der Reflex, den Schuldigen zu suchen, ist kindisch und vergiftet die Atmosphäre. Ich möchte Vorbild sein und meine Entlastung ernst nehmen. Ich will bereit sein, bei Fehlern Verantwortung zu übernehmen.

Höre ich von den Kindern »Ey, ich war das nicht!«, fordere ich alle drei (die oft zusammen sind, wenn dieser Satz fällt) auf, eine Lösung zu suchen. Ich bin dann raus – ich war's ja nicht…

SCHULE IST GENIAL!

Die Schule ist ein Thema, das Eltern zu Monstern mutieren lässt. Ich kenne den Grund, denn ich fühle ihn oft selbst:
»Es geht nicht um mein Kind (mein Baby übrigens!!!), sondern hier wird Leistung pauschal abgefragt!« Was mich aber sehr

geprägt hat, sind die Worte des Schulleiters, als mein »Baby« in die Schule kam:

- Denken Sie gut über Schule!
- Denken Sie gut über Ihr Kind!
- Lassen Sie Ihrem Kind die Chance, selbst zu leben!
- Beten Sie und übernehmen Sie Verantwortung!

Einige werden jetzt mit den Augen rollen und denken: »Du hast gut reden. Das geht nicht – bei der Lehrerin oder dem Schulleiter!« Ich versuche zu beschreiben, was ich dort verstanden habe:

Denken Sie gut über Schule!

Wir haben die Angewohnheit, zunächst davon auszugehen, dass alle Lehrer dämlich sind und zu wenig arbeiten. Ja, es gibt Lehrer, die nicht das Kind sehen. So wie es Mütter gibt, die ihrem Kind Kaffee in die Flasche geben (echt!). Aber wenn ich von vornherein so negativ denke, spürt das mein Kind. Es lernt: »Hier in dieser Schule werde ich unglücklich.« Das Kind kann gar keinen Spaß am Lernen entwickeln. Denn wenn es das tut, verrät es ja seine Eltern. Schule ist eine Chance, eine Ehre! Ja, sogar bei *dem* Schulleiter. Ich weiß, wovon ich rede ...

Ab der dritten Klasse haben wir zu Hause den Sachunterricht zusammen nachgearbeitet – aus Freude. Oder wir haben Landkarten gebastelt. Heute haben wir als Familie eher ein Faible für Geschichte, Soziologie und Deutsch. Mein Mann liest die Lektüre der Zwölftklässlerin, um mit ihr neue Dinge zu entdecken.

Denken Sie gut über Ihr Kind!

Der beste Freund meines ersten Kindes konnte nach drei Wochen Schule lesen. Richtige Bücher lesen. Mein Kind aber jammerte und schaffte keinen geraden Satz. Jeden Mittag gab es Tränen. Ich las heimlich von pränatalen Schäden und deren Folgen auf das Leseverhalten. Ich sah mich schon bei der Förderschule vorsprechen. Klingt lustig – war es aber nicht. Ich habe mich an die Rede des Direktors erinnert und auch gegen meine Hausaufgaben-Gefühle Gutes über mein Kind gedacht. Ich habe trotzig an dem Wissen festgehalten, dass sie es meistern wird! Wir haben als Eltern schnell bemerkt, wie wichtig es ist, die Kinder in ihrem Tempo und Wissensdurst zu lassen und keine Schnellstarts zum Erfolg zu erzwingen. Wir bemühen uns, Gutes zu denken. Wir gehen davon aus, dass die Sportsachen dabei sind, an dem Tag, an dem sie gebraucht werden. Schon im Kindergarten haben unsere Kinder ihre Tasche selbst gepackt und gezeigt, wie gut sie für sich sorgen können. Je ängstlicher und zurückhaltender das Kind vom Naturell ist, umso mehr dürfen wir bewusst Gutes denken als gute Grundstimmung in den ersten Schulmonaten.

Lassen Sie Ihrem Kind die Chance, selbst zu leben!

Mein Kind packt seine Schultasche ab dem ersten Schultag selbst. Es vergisst den Turnbeutel selbst. Es zerknickt die Mathearbeiten selbst und denkt an die 6,50 Euro für den Ausflug – oder eben nicht. Es ist das Leben meines Kindes.

Auch die Hausaufgaben sind die Hausaufgaben des Kindes. Wenn Kinder nicht allein ihre Hausaufgaben machen möchten, können Eltern und Kind sie gemeinsam ansehen und besprechen, was zu tun ist. Die Eltern versuchen sich nun zu lösen und müssen nicht jedes einzelne M beobachten, das auf die Linie gepresst wird.

Erst am Ende wird zusammen geschaut, welche Buchstaben verrutscht sind und noch einmal geschrieben werden müssen. Es gibt Kinder, die weinen, weil sie vom Schultag erschöpft sind und sich selbst stark fordern, supergute Hausaufgaben zu machen. Manche wissen nicht, wie sie sich die Aufgaben merken können und sitzen zu Hause vor dem leeren Hausaufgabenheft. Wir Eltern springen dann in den »Rettermodus« und wollen die Hausaufgaben-Sache einfacher machen. Es ist für die Schullaufbahn des Kindes aber wichtig, dass das Kind von Anfang an seine Hausaufgaben selbstständig macht. Bei Lücken oder Fragen oder auch großen Krisen reicht in der Regel – nach Absprache mit den Gewohnheiten der Lehrer – eine kleine Notiz: »Heute keine Kraft für mehr als 30 Minuten Hausaufgaben.«

Wenn das Kind die Nähe von Mutter oder Vater am Schreibtisch einfordert, kann man Schritt für Schritt Kompromisse einüben: Zunächst bleibt man dabei sitzen und greift wenig ein. Dann arbeitet man in der Küche, während das Kind eine Reihe Ms schreibt. Hier ist Klarheit sehr bewusst nötig. Gerne können Eltern und Kind kuscheln und miteinander über Textaufgaben seufzen. Lösen müssen die Kinder es! Die Eltern können nur begleiten – möglichst ohne Emotionen. Ohne Sorge, dass das Kind den Anschluss verliert oder schlechter als der Durchschnitt ist. Das Nachfragen bei Freunden oder bei den Lehrern ist nie ein Grund für Scham. Im Gegenteil: Wir vermitteln, dass Schüler und Lehrer das Team sind.

Neuen Lehrern habe ich mich immer so vorgestellt: »Ich gehe davon aus, dass Sie Ihren Job mit großem Engagement machen. Ich erwarte einen Hinweis von Ihnen, wenn etwas an dem Verhalten meines Kindes auffällig ist. Schule ist sein Job und ich bin nur die Begleiterin. Brauchen Sie etwas von mir, melden Sie sich bitte!«

Mit 90 Prozent aller Lehrerinnen und Lehrer kommen wir so sehr gut aus.

Beten Sie und übernehmen Sie Verantwortung!

Wir segnen die Lehrerinnen und Lehrer, die in unseren Augen »eine Meise« haben – ganz bewusst. Wir wünschen ihnen, dass Gott ihnen Gutes tut. Und auch für die »Doofen« in der Klasse beten wir.

Mir hat es geholfen, die Schule nicht mehr als Gruselort zu empfinden, als ich Elternsprecherin wurde. Ich habe einmal pro Woche mit der Lehrerin telefoniert und mich freiwillig zu Ausflügen und Bastelaktionen gemeldet. Wo mir die Schule zu lieblos war, konnte ich also mit Adventskalendern, Bastelaktionen oder Überraschungen mitgestalten.

Wir haben sehr schwere Schulerfahrungen gemacht: Kinder, die andere Kinder in den Pausen quälen, und Eltern, die Lehrer zermürben – und es tatsächlich schaffen, dass ihr Kind so bessere Noten bekommt. Lehrer, die kein Gespräch akzeptieren und Stammtische, die unterirdische Mobbingaktionen gegen Lehrer planen. Gut tut meinen Kindern aber, wenn ich ihnen helfe, Schule zu lieben, Krisen zu meistern und dabei selbst aktiv zu sein. Denn es gibt auch Lehrer, die sehr viel Liebe und Kraft investieren, die so fesselnd erzählen können, dass mein Erstklässler alles nacherzählen kann. Es gibt Eltern, die zu neuen Freunden werden und wundervolle neue Freunde für mein Kind im Lebensraum Schule.

???

Diese Fragen können Sie sich schon vor der Einschulung stellen:

• Welches Bild von Schule vermittle ich meinem Kind?

- Wie kann ich meinem Kind helfen, Selbstständigkeit zu lernen?
- Wo sehe ich mein Kind noch zu sehr als »mein Baby«?
- Welcher Zeitpunkt ist für die Hausaufgaben gut für mein Kind?

SCHWEIGEALARM

»Ja, mein Tag war gut, Mama. Und ich hab keinen gehauen…«
Als ich Tarik (6) vom Kindergarten abhole und neben ihm
entlangschlendere, antwortet er mir, ohne dass ich ihn gefragt
hätte. Ich schmunzle: »Du wusstest schon, was kommt,
oder?«, frage ich ihn. »Klar, du fragst doch immer.« »Ist das
doof für dich?«, will ich wissen. Kopfschüttelnd trottet er
weiter: »Nö, du bist doch meine Mama. Du darfst fragen. Ist
doch doof, wenn du es nicht tust!«

Kinder brauchen Worte. Viel, viel mehr, als wir reden mögen. Mein
Mund fühlt sich manchmal ganz fusselig an. Mein Gehirn versagt
nach einem Tag mit den Kindern jede sinnvolle Aneinanderreihung
von Worten, und ich bin so gesprächsmüde. An manchen Tagen
hatte ich wirklich das Gefühl, Hirnmuskelkater zu haben, wenn
alle drei Kinder die großen »Warums« der Welt mit mir klären wollten. Wenn aber das müde Schweigen zwischen uns immer lauter
spricht, werde ich nervös. Fragen bringen mich in Wallung und
locken meine Worte.

Wie leben wir Familie? Setzen wir uns an einen Tisch? Wissen
wir, wovon unsere Kinder träumen? Können wir die Gefühle unserer Kinder wahrnehmen und ausdrücken? Welche Werte führen
uns zu unseren Entscheidungen? Sind wir den Kindern durch das

Gespräch eine Hilfe? Haben wir Mut, Worte in Krisen zu finden, zu beten, Streit zu schlichten?

Ich kenne erschreckend viele Familien, die christlich-fromm sein wollen und schweigen. Die sich über die technischen Daten des Tages austauschen und sonst schweigen. Sie denken sich viel, sorgen sich und reden über ihre Kinder. Aber wenig mit ihnen. Manche Menschen sind stumm, wenn es darum geht, innere Bewegungen und Gedanken auszudrücken. Sind die Kinder erwachsen, wird die Sprachlosigkeit erschütternd fassbar. Wie viele Familienfeste gibt es, wo es nur noch um Wetter, Schuhtrends und Belanglosigkeiten geht, weil es keinen Raum für Tiefgang gibt? Wo keiner vom anderen weiß, was ihn anrührt und was er erfüllend findet?

Schweigen brechen

In eine neue Stadt gekommen, fragte ich, wieso zwei junge Frauen sich so offensichtlich in der Kirchengemeinde aus dem Weg gehen. Ich wollte wissen, ob ich mich vermittelnd einschalten solle, denn ich hatte zu beiden einen guten Draht. Doch die Mütter der beiden reagierten entsetzt: »Nein, bitte nicht. Ich denke, das kann Nora überhaupt nicht ab.« »Nein, das macht für Britta alles nur noch schlimmer.« Bei beiden Gesprächen kam zu meinem Erschrecken heraus: Die Eltern hatten selbst noch nie mit den jungen Frauen in Ruhe über die Situation gesprochen, geschweige denn gebetet. Nach zwei weiteren bitteren Jahren stellte sich heraus, dass die Ursache für diesen »Kleinkrieg« ein Missverständnis war.

Wie sehr zermürbt das Schweigen meine Freundschaften oder meine Ehe, weil das Gefühl, alles sei gesagt, ein vertrauter Freund geworden ist? Wenn sich in unserer Ehe der Schweigealarm einstellen will, fangen wir an zu träumen: Wir malen uns illusorische

Dinge aus, gründen eine Mehrgenerationen-Wohngruppe, richten unser Haus neu ein, planen abgefahrene Feste. Dabei entdecken wir tiefere Gefühle und auch Verkrampfungen in uns. Auch unsere Kinder laden wir so ein, ihre Gedanken auszudrücken. Nach Kinofilmen oder Gottesdiensten erzählen wir uns, was uns wertvoll war. Wir sitzen zusammen am Esstisch, und jeder darf eine Sache sagen, die gut war. Als die Kinder zwischen zwei und vier Jahre alt waren, ging es um Freunde, die sie am Sonntag gesehen haben. Später um den Kindergottesdienst und das Kirchencafé. Bis heute machen wir die Runde und sagen uns mittlerweile, was wir aus der Predigt für uns gehört haben.

!!!

- Dieses Spiel eignet sich für eine Familienrunde. Es regt die Kinder an, in Gottes Maßstäben zu denken: Die Eltern denken sich eine Frage aus, alle dürfen reihum antworten. Fragen können sein: »Was wäre, wenn alle Menschen ehrlich wären?« »Was wäre, wenn keiner neidisch wäre?«…

CHECKLISTE: KLAR SEIN

Wer klar ist, hilft.

Wenn Kinder lautstark ihre Forderungen oder Wünsche mitteilen, sind Eltern nicht immer gefordert zu handeln. Die Regulierung der eigenen drängenden Bedürfnisse ist für das Kind ein Weg des Lernens. Er wird manchmal von unseren Zugeständnissen unter Druck und Gekreische verlängert und verwirrt. Einen Gesprächsrhythmus zu üben und dabei ruhig und klar zu bleiben, hilft dem Kind am zügigsten, Erfahrungen zu sammeln, um sich ohne emotionalen Totalausfall zu äußern. Wenn ein Kind ärgerlich wird oder mit uns ringt und kämpft, dürfen wir uns erinnern: Wir helfen am meisten, wenn wir klar und ruhig bleiben.

Wer klar ist, orientiert.

Die Hinweise von Eltern sind für Kinder manchmal wie eine Dauerbeschallung, eine Art Klangteppich. Kinder können dabei gezielt in andere Richtungen wahrnehmen und hören ihre Eltern kaum noch. Wer zum Beispiel von Freunden aufbrechen möchte und mehrmals die spielenden Kinder ruft, selbst dabei aber quatschend am Türrahmen steht, ist für Kinder nicht klar verständlich und wird schnell ignoriert.

Wer seinem Kind mit seiner inneren Präsenz deutlich macht: »Nun!« »Auf!« oder in der Sprache und Haltung meines Mannes: »So!«, kann eine deutliche Orientierung geben. Wir wissen ganz klar: »So!« heißt, es geht ohne Verzögerungen los. Erst als wir Besuchskinder mit auf Ausflügen hatten, bemerkten wir, wie stark wir uns an seinen Signalen des Aufbruchs orientieren: Alle Diekmanns waren fertig und das Besuchskind suchte noch seine Schuhe...

Klarheit bei Eltern arbeitet in diesem eher unbewussten Bereich ganz wirksam. Wenn wir klar sind, orientieren sich die Kinder an uns, ganz gleich, ob wir das Toben im Wohnzimmer mögen oder das Auslachen eines Schwächeren ablehnen.

Wer klar ist, spricht.

Wenn ich möchte, dass meine Kinder mich verstehen und die Welt kennenlernen, muss ich sprechen. Ich habe mal eine sehr leise und introvertierte Mama beraten, die ein sehr forderndes Kind hatte. Auf meine Bitte, sehr viel zu sprechen, damit das Kind sich sicher fühlt, reagierte sie mit Unverständnis. Sie rede doch den ganzen Tag. Aber in den Zeiten, wo ich die Frau wahrnahm, zog sie schweigend die Schuhe des Kindes an und setzte es schweigend in den Kinderwagen. Kinder brauchen Worte, um Farben zu Farben werden zu lassen. Viele Worte. Worte, die ihnen helfen, Gerüche zu Essen abzuspeichern. Worte, die einen Streit nach dem Verrauchen der Zorneswolken zusammenfassen. Worte helfen, Klarheit zu empfinden: Ich weiß, was mein Papa jetzt möchte.

Um klar zu sein, dürfen wir Worte immer wieder nutzen, wieder und wieder. Wie ein beruhigendes Gedicht – wenn auch oft mit Alltagspoesie. Es reicht ein »Ich sehe dich!« oder »Ich höre dich!«, wenn unser Kind quer über den Spielplatz brüllt. Oder ein »Aha!«, ein »Donnerwetter!« oder »Wow!«, wenn die Fantasiegeschichte zu wild wird. Nicht zu sprechen bedeutet, dass wir eine Chance vergeben, unsere Nähe zu gestalten. In der Nähe darf ich klar sein und auch mal mit Ein-Wort-Sätzen Tumulte in den Griff bekommen.

Wer klar ist, spricht nicht immer.

Wenn Kinder im Strudel ihrer Gefühle mitgerissen werden, reichen begleitende Worte oft nicht an ihr Bewusstsein heran. Handeln – im Sinne von Entscheidungen treffen – zeigt Klarheit. Wenn die Herausforderung, die Gummistiefel allein anzuziehen, nicht bewältigt wird, dürfen Eltern nach einer Ankündigung Handelnde werden. Wenn der vergossene Kakao langsam in alle Ritzen des alten Dielenbodens rinnt und der tobende Dreijährige noch Abschied von seinem Getränk nimmt, dürfen Eltern handeln und den See aufwischen. Da reichen Worte nicht...

Wenn ein Kind mit Schwung losrennt und die Straße nah ist, ist Klarheit ein beherztes Zugreifen. Und dabei wird der kleine Arm sicher fester gedrückt als in anderen Momenten. Wenn alles mehrmals und ausführlich gesagt ist, mehrere Verwarnungen wortreich ausgedrückt wurden, darf ich wortlos handeln.

Wer klar ist, schafft Rhythmen.

Damit Kinder in eine gesunde Mischung aus Anspannung und Entspannung hineinreifen können, ist Klarheit in Form einer wiederkehrenden Tagesstruktur hilfreich. Dabei bieten sich feste Zeiten für Mahlzeiten an und eine rhythmisierte Pausen- und Abendgestaltung. Die Rhythmen helfen gerade in aufgebrachten Phasen, wo jedes schief stehende Spielzeugauto eine Krise im zweijährigen Kind auslöst. Rhythmen sind nicht nur für das Kind ein Geländer, das Halt gibt, sondern auch für die Eltern.

Wenn ich selbst erschöpft war durch einen Tag voller Warum-Fragen und Nähe-Bedürfnisse der Kinder, habe ich mich am Geländer »Abendablauf« langgezogen. Nach einigen Wiederholungen war der Ablauf so gefestigt, dass die Kinder schon wussten: Nach dem Essen gibt es eine Spielzeit im Zimmer, dann Treffpunkt Bad mit Waschen und Zähneputzen und Vorlesen abwechselnd in den Kinderbetten. Ich habe diese Geschichte am Abend nie gestrichen, da sie für mich und die Kinder einen positiven Abschluss der oft wilden Tage darstellte. Es war ein Moment, um das »Wir« zu spüren und den Tag an Gott zurückzugeben. Das Beten und Singen haben wir als Familie jeweils am Bett des einzelnen Kindes in dämmerigem Licht gemacht.

Stets wiederkehrende Sätze wie »Ich bin sicher, du schaffst es einzuschlafen!« oder »Gott passt gut auf dich auf und ich auch!« haben recht schnell zur Beruhigung bei fast allen Kindern geführt.

Wer klar ist, schafft Auszeiten.

Gerade wenn die Kraft der Eltern durch Schlafmangel, erforderliche Präsenz und Lautstärke aufgebraucht ist, braucht es Schonzeiten am Tag. Nicht nur für Eltern. Klarheit drückt sich darin aus, dem Kind zuzutrauen, sich unbeobachtet und selbstständig zu beschäftigen. Schon mit einem Jahr können Kinder allein in einem Raum in ein Spiel vertieft sein. Wenn der Vater dann fehlt und das Kind ruft oder sucht, reicht eine kurze Rückmeldung: »Ich bin da.«

Natürlich können Abenteuer geschehen, wenn das Kind allein im Zimmer bleibt. Da wird das neue Sofa schon mal mit Wundcreme eingerieben. Das ist aber nach einem tiefen Durchatmen ein Hinweis an mich, den Raum kindersicherer zu gestalten. Der Ansatz von Montessori hat mich da bewegt: Die »gestaltete Umwelt« und die »äußere Ordnung« sind wichtige Aspekte. In einer klar gestalteten Umgebung werden dem Kind anregende Entwicklungsräume angeboten. Durch die Beschäftigung mit sinnlichen Materialien bekommt das Kind Anregungen zum Kennenlernen der Welt. Durch diese Einordnung werden ihm auch erste Schritte ermöglicht, sein eigenes Denken zu organisieren und sich seiner Umwelt anzupassen.

Die Materialien und die Umgebung selbst verfügen über eine »äußere Ordnung«, sind also übersichtlich angeordnet und werden aufgeräumt aufbewahrt. Diese äußere Ordnung soll letztendlich auch zu einer inneren Ordnung führen. Alle Bausteine haben eine Kiste, alle Bilderbücher, Autos, Steckspiele und Puzzles sind für das Kind zugänglich. In so einem Raum kann ein Kind sich schon bald allein beschäftigen und sein Selbstbewusstsein spielerisch stärken.

Das Vermitteln von Pausenzeiten braucht Klarheit. Wie die Pause aussieht, darf das Kind selbst entscheiden. Ein zwölf Monate altes Kind wird im Bett einen Mittagschlaf machen, mit 24 Monaten wird es eher ein Buch betrachten. Manchmal hat unser Sohn mit drei Jahren einfach mit seinem Lieblingsauto im Bett gespielt und sich durch die Ruhe entspannt. Unsere Tochter hat dagegen lieber Musik gehört.

Auch hier helfen gewohnte Abläufe. Ich habe fast schon automatisch die Musik für die Pause angeschaltet und nach wenigen Minuten Funkstille für alle einen Obstteller gerichtet, der jeden Tag zu einem vorgelesenen Buch verputzt wurde.

Wer klar ist, achtet auf Nähe.

Klarheit hat Ähnlichkeit mit einem feinzinkigen Kamm. Die Strukturen des Tages, des Lobens und auch des Ringens im Streit werden in eindeutige Bahnen gezogen. Struktur wird geschaffen, damit das Haar nicht durch schmerzende Knoten mehr und mehr verfilzt.

Diese Klarheit braucht als Gegenüber bewusste Zeiten der Nähe, in denen die Struktur dem Kind oder den Eltern zuliebe hinterfragt wird. Als ich eine handelsübliche Mandelentzündung zeitgleich mit einem Hexenschuss geliefert bekam, habe ich meine Klarheit im Tagesrhythmus aufgegeben. Ich lag rückenschonend auf dem Sofa und habe mit einem Baby an meiner Brust und zwei Kindergartenkids den ganzen Tag abwechselnd drei Kurzfolgen auf DVD geguckt. Da die Kinder spürten, dass ich nicht fröhlich bin, brauchten sie viel Nähe und haben das Krankenlager auch nicht zum Malen oder Spielen verlassen.

Wer klar erziehen möchte, darf sich fragen: Kommen bei uns auch Räume voller inniger Nähe vor?

Ein kleines Wort zum Schluss

Und jetzt? Vielleicht denken sie: »Na ja, so einfach ist das ja doch nicht. Wenn ich das alles umsetzen will – wie soll das gehen?«

Aber sie müssen gar nicht alles umsetzen. Ich habe Ihnen kein Rezept an die Hand gegeben. Ich habe Ihnen nur ein paar Ideen und Bausteine geliefert. Nähe-Ideen und Anregungen zur Klarheit, die ganz eigene Ideen entstehen lassen können.

In diesem Buch soll auf keinen Fall der Eindruck geweckt werden, das Miteinander in der Familie sei mit einem Fertiggericht vergleichbar: Alles beachten und bei 200 Grad Alltags-Hitze erwärmen. Fertig!

Das Buch soll mit seinen Episoden Mut machen, auf die Wirkung von Klarheit und Nähe zu achten. Es soll Mut machen, durchzuhalten im Nah-Sein und Klar-Sein. Das Investieren in die Familie und in den Einzelnen lohnt sich. Nach dem Zusammenrühren sieht ein Kuchen auch zunächst eher semilecker aus. Matschig und klebrig. Es braucht seine Zeit, bis Nähe und Klarheit das tragende Fundament gelegt haben, reifen und sichtbar werden. Um den köstlichen Kuchen zu genießen muss man ihm seine Zeit im Ofen lassen.

Ich freue mich, wenn viel Nähe, Kreativität, neue Leichtigkeit und Klarheit in Ihrer Familie Raum gewinnt. Und ich wünsche Ihnen von Herzen Gottes Schutz und Mut und eine große Begeisterung und Leidenschaft für das Gestalten von Familie – denn Familie ist wirklich köstlich!

Ingelheim im Januar 2017
Stefanie Diekmann

Bianka Bleier, Martin Gundlach

Aufblühen in der Lebensmitte
Entdecken, was wirklich zählt

Gebunden, 10,5 x 16,5 cm, 176 Seiten
Nr. 395.773, ISBN 978-3-7751-5773-5
Auch als E-Book

Zwischen »nicht mehr jung« und »noch nicht alt« suchen Sie noch einmal Ihren Platz im Leben? Bianka Bleier und Martin Gundlach machen sich mit Ihnen auf den Weg und bieten Ihnen Anregungen, diese Zeit bewusst zu gestalten und die Chancen der Lebensmitte zu nutzen.

Bettina Wendland

Das FAMILY-Kochbuch
für Gäste und Feste

Gebunden, 21 x 28 cm, 94 Seiten
Nr. 629.629, ISBN 978-3-7893-9629-8

Egal, ob Sie 6 oder 30 Gäste erwarten, ein Büfett aufbauen wollen oder ein Menü kochen möchten. Mehr als 100 alltagserprobte Rezepte lassen keine Wünsche offen. Zusätzlich finden Sie jede Menge praktische Tipps, Getränke-Ideen und Dekovorschläge, die sich schnell und unkompliziert umsetzen lassen.

Bitte fragen Sie in Ihrer Buchhandlung nach diesen Büchern!
Oder schreiben Sie an: SCM Verlag, D-71087 Holzgerlingen;
E-Mail: info@scm-verlag.de; Internet: www.scm-verlag.de